Herkes Kendi Hayatının Kahramanı

HERKES KENDİ HAYATININ KAHRAMANI

Yazan: Gülcan Özer
Yayına hazırlayan: İpek Özbey

1. baskı / Haziran 2016
11. baskı / Ekim 2018 / ISBN 978-605-09-3535-6
Her 2000 adet bir baskı olarak kabul edilmektedir.
Sertifika no: 11940

Kapak tasarımı: Funda Çolpan
Baskı: Ana Basın Yayın Gıda İnş. San. Tic. A.Ş.
B.O.S.B Mermerciler Sanayi Sitesi 10. Cad. No. 15 Beylikdüzü - İSTANBUL
Tel. (212) 422 79 29
Sertifika No: 20699

Doğan Egmont Yayıncılık ve Yapımcılık Tic. A.Ş.
19 Mayıs Cad. Golden Plaza No. 3, Kat 10, 34360 Şişli - İSTANBUL
Tel. (212) 373 77 00 / Faks (212) 355 83 16
www.dogankitap.com.tr / editor@dogankitap.com.tr / satis@dogankitap.com.tr

Herkes Kendi Hayatının Kahramanı

Dr. Gülcan Özer

DOĞAN KİTAP

Kıymetli anneme ve babama...

Kelimeler dilinin ucuna geliyor ama hayat,
onları dudaklarının arasında öldürüyordu.
Bir cinayet gibiydi mantığın duygulara yaptığı...

Yasemin Özer

(Kızım söylemiş, pek güzel soylemiş.)

Ben iki çocuğu, anası babası, iki kardeşi, sahici dostları, sevdiği adamı olan bir kadınım.

Terapistim...

Yıllardır kadife bir koltukta oturup, dinliyorum.

Bazen çok, bazen az konuşurum.

İşim, duyduğu sesi ıttirip, karşısındakinin gönül sesini duymak.

Bazen günler, bazen yıllar sürüyor iç sesin duyulması.

Ne vakit gönülden gelen eşsiz bir ses duysam büyülenirim.

Şaşırırım, fevkalade keyiflenirim.

Ben bir ses bulucuyum...

Parmak izi gibi biricik olanı arar dururum...

Karanlık günlerim de oldu, aydınlık günlerim de...

34'ümde anne, 40'ımda kadın oldum.

Okuyacaklarınız, ahir ömrüne yaklaşmış bir kadının biriktirdikleridir.

Dr. Gülcan Özer

İçindekiler

Tüm dünyaya karşı iki âşık 15
En yaygın gönüllü organizasyon: Evlilik 21
Evliliğe ne kadar hazırsınız? 29
Eş seçerken dikkat! 35
Herkes ailesinin izlerini taşır 41
Kimliğini evliliğine satan kadının öyküsü 49
Beş doğru bir yanlışı götürür mü? 55
Mutlu evliliğin sırrı var mı? 61
Önkoşul: Samimiyet, Strateji: Lütfen olmasın 69
Evlilik aşkı öldürür mü? 75
Senin annen/benim annem! 79
İnsan neden aldatır? 83
Boşanmak zordur, kabul edin! 89
Çocuklu boşanma zor zenaat 97
Hayat bir içe bakma oyunudur 101
Elektrik alamıyorum! 107
Ana babadan hasarlılar kulübü 111
Anne olmak... 115
Sıkıldım anne, eğlendir beni! 119
Hem anne hem kadın! Nasıl olacak bu? 123
Anasının kuzusu: Oğullar 129
Babalar, evin yalnız adamları 133
Memleketin terbiye etme biçimi: Mağduriyet 139
Egodan bahsetmeden olmaz! 143
Ayakta kalmak şart mıdır, yoksa mola verilebilir mi? 147
İkinci bahar sevgililik vaktidir 151
Yaşlılık kurtuluş mu, yok oluş mu? 155
Kadına, yaşlanmak, şişmanlamak, çirkinleşmek yasak! 161
Ey kişisel gelişmişler! 165
Issız bir adaya düşseniz yanınıza alacağınız üç şey nedir? 171
İş elbisesi başka, hayat elbisesi başka 177
Kaderine demir atanlar, durun! 181
Kederini doya doya yaşa 185
Uzun bir sonsöz 187

Tüm dünyaya karşı iki âşık

Konuşamasaydık, sesimiz, kelimelerimiz
olmasaydı ne olurdu?
Hayatını dinleyerek ve konuşarak kazanan,
tarihte insanın kendisini anlatmasının mümkün
olduğu yanılgısına sahip biri olarak fikrimce
konuşmak insanın en büyük cezalarındandır.
Dokunsaydık, görseydik, koklasaydık ve
kelimelerimizin sarhoşluğundan kurtulup
sevseydik ne güzel olurdu...
Ve fakat
Madem konuşarak lanetlendik, o halde
dibini bulana kadar konuşacağız...
Anlama umudu, anlaşılma hayali...
Böylece ömür geçip gidecek.

Yaz yaz bitmez, aşk nedir, var mıdır yok mudur, iyi midir kötü müdür, biter mi, yeniden aynı insana âşık olunur mu, ilk aşk en şahanesi midir, ardından gelenler taklitten mi ibarettir, sahici olanı sonsuzluğa intikal eder mi yoksa adettendir biter mi, bitmeyenin adı aşk mıdır yoksa kavuşulamayan kara sevda mı, aşkın gözü kör mü, illa ki âşık olunmalı mıdır?

Aşk aslında bir roman kahramanı mıdır, derini-yüzeyseli, ilk görüşte olanı-sonradan zuhur edeni var mıdır ve farklı mıdır, aşktan hastalanılır mı, ölünür mü, kavuşulunca adı sanı değişir mi, dostluk aşk ile kesişmezken şehvet aşkın ta kendisi midir, yoksa şehvet aşkı kirletir, aşk romantizmin şahikası mıdır?

Sor sor bitmez bu mevzu.

Biz âşıklara, yahut daha doğru tarifiyle kendini âşık olarak tanımlayanlara bakalım. Yaşayanlardan dinlediğimiz, yaşadıklarımızdan hatırladıklarımıza istinaden söylenecekler vardır.

En birinci bilgi, aşkın insan sevmezliği üzerinedir. Yaşayan,tanıklık eden herkes bilir ki, aşk yalnız kalmayı, kendi dışındakileri önemsizleştirmeyi sever hatta buna mecburdur, tabiatı budur ve yaşayabilmek için bir kadın ve bir adam ister, ötesi fazla gelir. Nihayet aranan öteki yarı bulunmuştur, kaybetmek göze alınamaz, herkes gitse ne gam, tamamlanma vaktidir. Gözlerin pırıltısı da gönlün tıkırtısı da bitmez. Adına ister görme bozukluğu, ister vefasızlığın dibini bulmak, ister geçecek duyguların istilası deyin, aşk daima seyredilesi bir durumdur. Tanıdığınız insanların, tanımadığınız âşıklara dönüşmesi şaşırtıcı ve etkileyicidir. "Eski dostlar eskisin, yaşasın aşk" pankartıyla dolanan âşıklar, sağa sola sırt çevirip, "Biz bize yeteriz, hatta artarız bile" diyerek günler geçirir. Bir vakitler âşık olmuşlar "Bunlar sizin iyi günleriniz" üstten bakışıyla seyreder onları. Âşıklar ise olup biteni ne görür ne duyar, âşık ile maşuk birbirinden başkasını görmez. Âşık, öteki yarısını allar pullar, nasıl isterse öyle görür; ezik adamı romantik, müdahaleci kadını çok ilgili, öfkesi çok olanı damarına basıyorlar, ondan öyle yapıyor yoksa çok sakindir benim aşkım diye okur. Okumayanın yaşadığının adı da aşk olmaz zaten.

Âşıkları serbest bırakmak lazımdır; şuurlu olmaya, gerçeği görmeye davet etmek, düzden fenalıktır. Ki bir vakit âşık olmuş ve kaybetmişlerin bunu yapmışlığı çok olur. "Biz de yaşadık, biliyoruz, geçecek bu günler, Ahmet abin bana öyle bir âşıktı ki her gün bir şiir yazardı ama bak şimdi, görüyorsun! Ona göre aklını başına al, geçecek bu günler" dememek lazımdır. Yazıktır, günahtır, âşık ile maşuk zaten vakti gelince etraflarını saran sihri kaybedecekler, akıl başa gelecek, bu günler geçecek biliyoruz. Yaşarken ağızlarının tadı kaçmasın, doya doya yaşasınlar, kimbilir belki bu ilk ve son aşktır. Âşıkların ahvali hemen daima, kıskançlık, hayranlık, kederle seyredilir, seyredenlerin hatıraları, hayalleri güncellenir, hepsi kabul. Ancak gölge etmemek, yalnız bırakmak, uzaktan seyretmek, coşkuya ortak olmak, kederi sarmalamak, cesareti alkışlamak lazımdır.

Âşık olmak cesur olmayı gerektirir. Duygusundan korkan, arkasını sağlama almayı hayat düsturu yapan, kontrolüm her şeyimdir diyen âşık olamaz. Olsa olsa heyecan kıpırtıları hisseder, ondan da kaçar zaten.

Bir de kontrol üstatları vardır ve âşık olmuşlardır, seyirlik manzaradır. Sıkıcı adam gitmiş, ışıldayan adam gelmiştir. Akıl, mantıklı olmak, zaten doğrunun tek oluşu ve bunun bilindiği günler geçmişte kalmış, âşık olunmuştur. Gerisi de boştur, teferruattır zaten.

Aşk yaşanacak, lezzeti tadılacak, ıstırabı çekilecek ve nihayet yol ayrımında bitecek yahut dönüşecektir. Biten, buharlaşıp uçan aşk, sorularına soru ekleyip gider. Aşk bitiyormuş, o vakit yine biter mi, güvenilmez mi, yoksa bu sefer mi olmadı? Hatırlanan aşkın lezzeti ile kaybedilen aşkın kederi el ele verir, tarihteki yerini alır. Eski âşıkların kimi defteri kapatır, kimi ise yola devam eder.

Bitmeyen, bitemeyen ve aynı zamanda kalamayan aşk ise dönüşürken önce devrilir sonra becerebilirse evrilir. Bu durumun adına, "birini sevmek" diyorlar, siz nasıl isterseniz öyle adlandırın. Yol uzun ve zahmetlidir, öyle kendiliğinden olmaz, oya gibi işlemek, iğneyle kuyu kazmak lazımdır.

Bir de âşık olma haline takılıp kalanlar vardır ki, onlar "Ben aşk insanıyım, aşksız yaşayamam" der, yine ve yeniden âşık olur. Bir, üç, beş derken, fark edilir ki âşık olunan aşkın kendisidir. Böyleleri yorgun düştüğünde, bir zamanların aşk müptelası şimdinin ilişki acemisine dönüşür. Aşkın kendiliğinden gelen ve giden halinden epey farklı olan bu yeni durumun adı 'ilişki'dir ve bizzat emek ister.

Kara sevda, karşılıksız aşk, kavuşulamayan aşk... Ne derseniz deyin, vuslata erilememiş ve fakat içinden çıkılamamış bu durumdan bahsetmeden olmaz. Âşık Veysel, "Birine bakarsın için pır pır eder, kavuşamazsın adı da aşk olur" demiş. Üstat kavuşulanı aşktan bile saymamış. Bizim aşk niyetine bildiğimiz durum en çok da budur aslında. Filmlerini seyrettik, garantilidir, sonunda ağlanır. Romanlarını okuduk, aynısının mutlu sonla biteninden istedik, yaşadık, mutlu sonla bitenin sahiden bittiğini öğrendik, filmlere layık aşk için tadı damağında kalmak lazım geldiğini anladık ve sevmedik bu durumu. Kara sevda şimdilerde pek az yaşanan, çaresi bulunmuş, handiyse kökü kazınmış hastalıklar gibi. Dünya bir mahalleye döndü, kavuşulamayanın yerini hızla ve coşkuyla yenisi aldı, tüketerek iyileştik. Benim ahir ömrümde kara sevda görmüşlüğüm yoktur, hikâyesini dinlemişliğim vardır. Misal, "Çok sevdi, ailesi vermedi, o da kimseyle evlenmedi, hayata küstü, kendini yeğenlerine adadı" öyküleri vardır. Bir vakitler hiç evlenmemiş kadın ve adamlar için böyle öyküler anlatılırdı. Biz de bu geçkin kadın ve adamlar ile aşkı bir arada düşünmeye çalışır ve fena halde üzülürdük. Şimdi ise seçenek çok, karşılıksız aşk artık sevilesi bir durum değil, ilgi çekmiyor, üzüntüden mecnun olunmadığı öğrenilmiş durumda ve en önemlisi haz artık sahip olmaktan geçiyor, kaybetmekten değil.

Peki ya tüm bunlar olmasa, aşk olmasa, aşkın hayali olmasa ne olur? Filmler, şarkılar, şiirler, romanlar boşa çıkar.

Akıl ve gönül arasındaki ezeli rekabetin mutlak galibi ortaya çıkar, akıl kazanır, hayatın tahmin edilebilirliği artar, lezzeti, kaygısı azalır, elimizde doğru yaşam kılavuzu, sen sağ ben selamet yaşayıp gideriz. Oysa ne akıl ne bilgi çağı aşkın insanlık üzerindeki önceliğini sarsabildi. Aşk, hayallerin de, anılarımızın da en birinci kahramanı olmaya devam etti. Vazgeçilemez ve elde tutulamaz, tadına doyulmaz ve hayatın en birinci manası ile düşe kalka yola devam ettik.

Ömrünüzün gönlünüze münasip olmasını dilerim.

En yaygın gönüllü organizasyon: Evlilik

Carl Jung şöyle demiş:
"İki kişiliğin karşılaşması iki kimyasal maddenin birbirine teması gibidir. Bir tepkime olursa ikisi de kılık değiştirir." Üstat 'tepkime'yle, duygusal olarak evlenmeyi anlatıyor bize:
"Duygusal olarak evlenebilenler zaten birbirinden etkilenir ve degişir, dönüşür, huyu suyu değişir" diyor. Evlilik mevzusuna ömür vermiş terapistler ise, "En iyi çiftler başlangıçta birbirine benzemez ancak yıllar içinde benzeşirler" der. Ben onların yalancısıyım.

İnsan neden evlenir ki?

Bir genç hanımın sorusu. Cevabını bileniniz var mı? Rivayet muhtelif. Çocuk sahibi olmak için, sosyal statü için, güvenli seks için, finansal emniyet için, ailesini memnun etmek için, ailesinden kurtulmak için, öteki yarısını bulduğu için, âşık olduğu için, yalnızlıktan korktuğu için, herkes evlendiği için, aldatmak için, aldatılmak için, pembe panjurlu ev hayali için...

Hangisi için? "Hepsi" yahut "hiçbiri" mi?

Rivayet sahiden muhtelif. Ve fakat asırlardır pek az değişen evlilik gerekçeleri, sorun çözme yahut çözememe biçimleri, iddialı şekilde artan boşanma oranları ve nihayet tüm kederli deneyimlerine rağmen, evlilik halen bilinen en yaygın gönüllü organizasyondur.

Altını çizelim: Gönüllü organizasyon, istekle, gönüllü olma esasına dayanarak yaptığımız kontrat...

İnsanın ruhuna ait ne varsa pek yavaş yol alır. Ruh da yansımaları da korkaktır, neredeyse daima aynı olana, bilindik olana oynar, değişimin kaçınılmaz olmadığı sulardır buralar. Aynı olmanın konforu değişimin üstündedir ve insan canlısının ruhunun öteki yarısını bulma hayalinin kahramanı, namı diğer evlilik tam da buraya demir atmıştır.

Evliliğin ezberleri, yazılı-çizili olmayan bir kontratı vardır ve bu kontrat, hikâyenin aslıdır. İhtiyaç karşılar; kişi aynı insanla aynı yatakta ve aynı hayatta yaşamayı hayal eder.

Önce evlilik kontratından bahsetmek lazım, kontratın üç ana başlığı vardır:

1- Şunu şunu veririm, şunları isterim: Karşılıklı söylediklerimiz buradadır.
2- Şunu şunu isterim, şunu veririm ama söylemem yahut söyleyemem: Burası saklı bahçemizdir; istediklerimizi, bildiklerimizi ama söylemediklerimizi yahut söyleyemediklerimizi barındırır; söylemek için evlilik sonrasını, fırsatını beklediklerimizi...
3- Bilinçaltımızın karanlık dehlizlerindeki istek ve ihtiyaçlarımız, bilmediklerimiz, evlendikten sonra ortaya çıkan sürpriz yumurta.

Bu kontrat mevzusu önemli ve tehlikelidir. Kimi şaşırır, kimi kandırıldığını düşünür, kimi ihanete uğramış hisseder. Oysa evliliğin tabiatı budur. Çiftin birbirini değişmiş olmakla yahut değişmeyip hep aynı kalmakla itham ettiği alanlar bir kenarından bu kontrat mevzusuyla ilişkilidir. Çift terapistleri kontratın ikinci ve üçüncü bölgesiyle ilgilidir. İkinci bölge, "Takke düştü kel göründü", üçüncü bölge ise "Valla ben de bilmiyordum" alanıdır.

İstek ve ihtiyaçlarımızı söylediğimiz ve istek parça kabul ettiğimiz ilk bölümde, parasal olarak erkek evi geçindirir, yalnız takılmak yok, gömleğin düğmesine dikkat, bayramda önce bizimkilere gidelim, haftada bir annemlere yemeğe gidilir, evde iş yapmam, ev işlerini paylaşırız, özel günler özeldir kutlayalım, özel günler para tuzağıdır kutlamayalım, çoraplarını salonda çıkarma, çocuk olunca işi bırakırsın, saçlarını uzun seviyorum...

Burası bildiğimiz ve pazarlık yaptığımız bölgedir ve terapist için en az ilgi çekici olan kısımdır. Gündelik hayata dair isteklerimiz sıklıkla buradadır. İçerik çiften çifte değişir. Bazısı için bu alanda istenecek olan, bazısı için ikinci bölgeye transfer olur. Utanır yahut erteleriz ya da daha hesapçı bir tutumla vaktini bekleriz.

Söylemeden geçemem: Evlilik ne hesabı ne hesapçı tutumu seviyor. "Şimdi boş ver, evlendikten sonra söylersin" repliğinin faydalı olduğunu görmüşlüğüm yoktur.

İstek ve ihtiyaçlarımızı söylemediğimiz yahut söyleyemediğimiz, istek parçaya karşı temkinli yanaştığımız ikinci bölüm ilişkinin karanlık dehlizi öncesindeki loş alandır. Değiştirilecekler listesi, istekler ceptedir ve çıkarılmak için fırsatını kollamaktadır. Cinsellik bu alanın kraliçesidir. Aile ilişkileriyle ilgili istekler derinleşmiştir. Mahalle baskısından veya kendimize yakıştıramadığımızdan söyleyemediğimiz yahut vakti gelince söylemek üzere ertelediğimiz isteklerimizi içeren bu alan, terapistlerin çalışma alanlarındandır.

"Annesini sevmiyorum, her hafta yemeğe gidemem"le başlar, "hafta içi sevişilmez"le zirveye ulaşır.

Ben bu bölümün sırlarını sevmem ve çiftin ivedi şekilde bu yükten kurtulmasını isterim. "İstiyorum"la başlayan cümleler kurmaya başlayan kadın ve adam önce temkinlidir; istekler ne vakit ayarsızlaşır, isterken temkinli olunmaz, istesem ne olur zaten yapmaz baskısından kurtulunur, çift o zaman hafiflemeye ve birbirini şaşkınlıkla seyretmeye başlar. İstiyorum... Anlattıkça anlatır, dinledikçe dinlerler, yük atarlar, heyecanlanırlar, heveslenirler, kaygılanırlar, düşünürler ama en çok da yakınlaşırlar.

Benim pek sevdiğim ve çift terapisine duyduğum hevesin devam ettiği andır. İki insanın yakınlaşması, gönülün gönüle kavuşması seyre değer manzaradır ve pek güzeldir. Hesapçı grup ise burada yol alamaz, tıkanır ve "Ben sadece mutlu-huzurlu olmak istiyorum" tadında konuşur, ser verir sır vermez. Onlar daha duygusal olarak evlenememiş ve pek de evlenesi olmayan, samimiyeti düşük, hesabı yüksek ve üzülesi haldedirler. Birbirlerine sırlarını açacak kadar güvenmedikleri ilişkinin adına 'evlilik' diyen bu çiftlerin sahici adı "evlenememiş evliler"dir ve işleri zordur.

Gelelim kontratın son bölümüne: Bilmediğimiz ve fakat evlilik sonrası bazen şaşkınlıkla fark ettiğimiz bazense fark edemediğimiz bu alan, sıklıkla çiftin terapiste başvuru gerekçesinin sahici kahramanıdır.

Misal, konuşamıyoruz diye başvurursunuz, oysa alttaki ihtiyacınız mutlak şekilde onaylanmaktır. Onaylanmamayı göze alamadığınızdan konuşamıyorsunuzdur. Kontratın derinliği arttıkça aileyle ilgili mevzu daha da derinleşmiştir. Cinsellik, bu alanın başkahramanıdır, kimi pas geçer kimi ise fark eder. Bu alan sürpriz yumurta gibidir ve hırpalanmışlıklarımız, karşılanmayan ihtiyaçlarımız, yetersizliklerimiz, korkularımız, ana babalarımızdan tahsil edemediğimiz alacaklarımız burada at koşturur. Burası mevzunun evlilikten çıkıp kişinin kuytularına doğru seyrettiği yerdir ve kim olduğumuz, cinsiyet kimliğimiz, geçmişimiz burada elden geçirilir. Dertler bize ve bizim tarihimize aittir, derman bizdedir, bedeli ödeyen evliliktir. Davul-tokmak hikâyesi; davulu evlilik gibi düşünürsek, tokmak kişisel tarihimizden getirdiğimiz dertlerimizdir.

Misal, ilgisi duygusu yetersiz bir babanın kızısınızdır, güvende olmakla ilgili ihtiyaç büyük, yara derindir. Hayat karar vermenin, başarmanın, ayakları yere sağlam basmanın yorgunluğu ve becerisiyle geçmektedir. Ne yardım istemeyi bilirsiniz ne sırtınızı dayamayı. Sonra bir gün aşk gelir, evlenirsiniz. Adam iyidir hoştur, becerisi ayarında, ilgisi kararındadır. Ancak yetmez, sizin ihtiyacınız çoktur. Ne ihtiyacınızı anlarsınız, ne ihtiyacınızın karşılanmasına müsaade edersiniz. Günün sonunda yetersiz hisseden adam ile hırçın kadının hikâyesidir bu.

Anlamak, iç sesi fark etmek lazım: "Fena halde korkuyorum, kendimi bıraksam sevilir miyim, ne olursa olsun sevilir miyim?"

Ebeveynden tahsil edemediğiniz ihtiyacınızın hayatınızı ele geçirişi, bu ihtiyacın kocadan istenmesi, adamın da bunu bilmesi ve verebilmesi yahut verememesi, sizin ebeveynlerle duygusal hesabı görüp geçmiş alacakların üstünü çizmeniz; hepsi mümkün ve hepsi kabul. Yeter ki hikâyeyi doğru okuyalım, "Korkuyorum" diyelim, "Bırakma beni", "beni çok sev, eksiğim var" diyelim...

Misal, obsesif adamsınız. Gerekçe muhtelif, doğru yaşam çizelgesi cebinizde, hayat sıkıcı. Seçtiğiniz hatun ise plansız, düzensiz, dağınık ve hayat rengi yüksek.

Altyazı: "Hatun, kuralların içinde sıkıştım, kurtar beni!"

Evlenirsiniz, hatun sizinle baş edemez, çatışmayı göze alamaz, uyum sağlamaya çalışır ama bu arada kimliğini kaybeder. Hatun uyum sağlamaya uğraştıkça siz kızgınlaşır, ona yeni yetersizlik alanı üretirsiniz. Hatun evi çiçek gibi yapar, "Yemeğin tadı tuzu yok" dersiniz. Karşı çıkmaz, "Her şeyi ben mi planlamak zorundayım" dersiniz. Kurtulamadığınız doğru yaşam kitapçığı ve kimliğini kaybetmiş hatunun hikâyesi... Adamın iç sesi "kurtar" diyor, dış sesi "Evliliğin devamı için uyum sağla."

İyi okumak, oya gibi işlemek, derinlerdeki evlenme ihtiyacını görmek, kurtar beni sesini duymak ve bombalanan hayatı elden geçirmek lazımdır, mümkündür.

Deruni evlilik, çok azdır ve tehlikeli virajları alıp yola devam eden çiftlere hastır. Evlenebilmek için bu virajları almak, patika yollarla tanışmak, yerin üstündeki kadar yerin altında da var olduğumuzu fark etmek, yeraltı malzememizi tanımak, bazısının altını bazısının üstünü çizmek önemlidir. Benim bildiğim en iyi evlilik tarifi, kendini iyi kötü ne varsa karşındakine önce açabilmek sonra emanet edebilmektir.

Şimdi bu gönüllü organizasyon üç aşağı beş yukarı benzer sularda yıkanırken, kadının anlaşılma, adamın serbestleşme arzusu asırlardır değişmeden sürerken, kimimiz yüzeydeki evliliğe fit olup yola devam eder, kimimiz derinlerde yüzerken mevzuyu karıştıran, 'boşanma' denen ve hızla yayılan durum oldu.

Dünyanın her tarafında boşanmaya izin verilir. Ve evliliğin sahici değişiminde/dönüşümünde boşanmanın önemi pas geçilemez. Meşhur ve sıkı takipçisi olduğumuz Amerika'da her iki evlilikten biri boşanmayla sonuçlanıyor. Bizdeki oranlar da hızla artıyor, 2015'te artış oranı yüzde 4,5; boşanma oranı ise 1,7'yi buldu. Yani 1000 evliliğin yaklaşık ikisi bitiyor. Özetle, Amerika'ya yetişmek için çok fırın ekmek yememiz gerekiyor! Büyük kentlerde ve yüksek okuryazar grupta boşanma giderek yükselmektedir.

Altyazı şu: Ne kadar az mahalle baskısı, ne kadar çok okuryazar-meslek sahibi-para kazanan kadın, o kadar çok boşanma.

Dünya boşanmaya zar zor alışmışken, evlilikler yeniden

tarif edildi ve yeni akım ile ikinci, olmadı üçüncü evlilikler görülmeye başladı. Boşananların büyük çoğunluğu tekrar evlendi. Gönüllü organizasyon sahnelenmeye devam etti. Hatta evlilerin yaşam süresi boşanmış yahut bekâr olanlara fena halde basınca evlilik taçlandı. En kısa ömür sürenler hiç evlenmemiş yahut boşanmış erkekler, en uzun ömür sürenler evli kadın ve erkekler, ona göre...

Gelelim başlangıç sorusuna, insan neden evlenir ki?

Evlilik bir fantezidir; hayat öykümüze eşlik edecek yareni, bizi kabul buyuracak eşi, insan canlısının şu makûs yalnızlığını öteki yarısında arama fantezisidir.

Yolunuz açık, şansınız bol olsun ey ahali.

Evliliğe ne kadar hazırsınız?

Dünya değişti evlilikler hâlâ aynı mıdır?
İnsan evladı Ay'a ayak bastı olmadı, sanal devrim yaptı yine olmadı.
Kayınvalidenin yan bakması, kocanın daha çok para kazanması, bekâretin değersiz önemi, kocayı elde tutma yöntemi olarak seks, erkeğin elinin kiri, bayılan hassas kadınlar, tek taşın büyüklüğü, çocuk üzerinden kadın iktidarı, saçın süpürge edilişi...
Gündemdeki yerini itinayla koruyor.
Bu mevzuya bir el atın...
Bu zamanın gençleri, yenilenmeye ihtiyaç vardır.
Evlilik sıkıcılaştı ve sıkıştı; bir ferahlatın mevzuyu. Ezber bozun, kayınvalideyi sevmeyi kafaya koyun, kocanın iyisi makbuldür ve bu durum kazandığı paradan bağımsızdır. Bekâret sizden başka kimseyi bağlamaz, seksle elde tutulacak adamı salıverin gitsin, bayılmayın konuşun, tek taş hepsi hepsi taştır, saçınıza başınıza sahip çıkın ve çocuğunuzu da bu iktidar oyununa kurban etmeyin;
lütfen ve mutlaka.

Ben bir dostumdan duydum, hocası Sami Zan söylermiş, pek güzel, kulağınıza küpe yapmanızı dilerim: "Kızlarım lafım size, koca terbiye edilmez, terbiyelisi alınır."

Evliliğe hazır olunur mu? Yahut bazı koşullar yerine getirilmeden masaya oturulmaz mı? Misal 25 yaş üstü olmak, okulunu bitirmiş olmak, ailesiyle yaşıyor ve bundan mustarip olmak, âşık olmak, aşkı bitmek üzere olmak, kendi düzenini kurmaya pek hevesli olmak, seviyor ve birlikte yaşamak istiyor olmak, işi olmak, evi geçindirecek parayı kazanıyor olmak, cinselliğe "Hadi" diyor olmak, bir an önce çocuk istemek, "bir elin nesi var iki elin sesi var" şarkısına takılmış olmak, evliliğe hazır olunduğunu gösterir mi?

Yoksa "Hazır değilsin, seneye tekrar gel bakalım, olmuş musun?" durumu var mıdır? Yahut hazırım diyen hazırdır ve konu kapanmış mıdır? Soru giderek kazıklaşıyor, o vakit sadeleşelim: Evlenmeden nelere dikkat edelim, hangi hallerde alarm sesi duyalım? Bir durup nefeslenelim ?

En önce ve en çok, evliliğin ve âşık olma halinin başka başka haller olduğunu bilelim. Aşkın kendiliğinden başlayan ve kendiliğinden biten coşkusu ile evliliğin çokça emek isteyen şekli epey farklıdır. Yan gelip yatma günleri bitmiş, evlilik için uğraş dolu günler başlamıştır, göze alan buyursun. Sözün özü, âşıkken evlilik kararı almamak lazımdır. Aşk, yüksek ve coşkun bir haldir. Neredeyse sarhoş eder. En şahane adam, en film tadında aşk size gelmiştir. Ne çözülecek problem, ne aktarılacak hayal kırıklığı vardır. Etrafınızdaki herkes ve her şey anlam ve önemini yitirmiştir.

Evlilik ise gerçek bir hayatın içine çeker sizi. Annenizin

algısı, arkadaşlarınıza davranışı, evin kirası, erken veya geç uyuması, dağınıklığı, çok ya da az konuşması... "Aşk, görme bozukluğudur" denir. Bu kıymetli ve şahane duygu yavaşlamadan evlenmeyin. Şöyle ağız tadıyla kavga edip yola devam edebileceğini görmeden evlenmemeli insan...

Peki, çiftler evliliğe hazır olduklarını nasıl anlayabilir? Boşanmadaki hatırı sayılır artış, evliliğe nasıl hazır olunur, kimin kiminle evlenmesinin uygun olduğu nasıl tespit edilir gibi konuları güncellemiş ve evliliğin formülünü bulma hevesi artmıştır. Bu heves önce yurt dışında, son zamanlarda bizde evlilik okullarını gündeme getirdi. Buralarda çiftlere, evlilik nedir ve muhtemel dertleri nelerdir, çözüm yolları nedir anlatılır, ezber yapmayıp kendine ait çıkarımlar yapabilen illaki faydalanır. Ancak evlilikte paket bilgi, eğer içinden size ait olanı ayırt edemezseniz işe yaramaz, hatta zarar verir. Yahut profesyonellerden danışmanlık alan evlilik siteleri, evlenmek için başvuranlara sordukları sorularla evliliğe hazır olup olmadıklarını, hatta kimin kiminle evlenmesinin uygun olduğunu bulabildikleri iddiasındalar. Hepsi kabul, ancak bu sistemin pert olduğu yer, evliliğin bir kadın ve adam arasında gerçekleşmesi ve onların değişip dönüşen istek ve ihtiyaçlarını karşılama hevesidir.

Evlilik öncesinde terapiste gelen, tedbiri baştan alalım diyen, soruları bol, cevapları az epey çift görmüşlüğüm vardır. Sorular muhtelif: "Biz evliliğe uygun muyuz?" ya da "Evlendiğimizde ortaya çıkabilecek dertler neler olabilir?", "Aile ilişkilerini düzenlerken ne yapacağız?"

En sık sorulan ve cevabı en az önemsenen soru zannımca, "Biz evliliğe uygun muyuz?" sorusudur. Bu sorunun, kesinlikle uygunsunuz yahut sizden olmaz, bir sene sonra bir daha gelin bakalım şeklinde bir cevabı elbet yok.

Bir tek şey söylenir: Karşınızdakini değiştirme ve dönüştürme fanteziniz varsa ilişkinizin başı beladadır. Bu, "Evlenmek üzere olduğunuz kişi değişmeyecektir, yedisinde neyse yetmişinde de o olacaktır" demek değil. Fiziksel, ruhsal, davranışsal, duygusal değişiyoruz, dönüşüyoruz. İyi yahut kötü, mutlak bir biçimde herkes değişir, dönüşür. Fakat bu sizin zihninizdeki proje tadında olmayabilir. Eğer evlenme arzusu ya da hayali içinde olduğunuz kişi aynı zamanda sizin bir projenizse, evlenmeyin! Bu, çok kıymetli bir mesele. Ne kadar az değiştirme hayaliniz varsa hikâye o kadar doğru demektir.

İnsan canlısı, kendi yolculuğunu yaşarken kabul edilmek, onaylanmak istiyor. Bunu en çok da partnerinden bekliyor. Tam da bu noktada partner "Değiş" diyor; altyazısı, "Yoksa sevmem, onaylamam, takdir etmem" demek. İşte gümbürtü burada kopuyor. Bir grup,"Uyum her şeydir" diyor, kimliğinden vazgeçmeye oynuyor. Diğer grup ise direniyor, olağan evrilme sürecini bloke ediyor. Her iki durum da fena.

Bir de genel geçer, evliliğe uygunluğu test eden haller var. Buyurun, istediğinizi alın, istediğinizi bırakın.

* Gelinlik giyme heyecanı ile evliliği birbirinden ayrı değerlendirin. Düğün ve gelinlik hevesiniz çoksa, geçsin diye parti verin misal.
* Boşanma istatistiklerine göre 21-22 yaşında evlenenler, 25-26 yaşında evlenenlere göre iki kat fazla boşanıyor. Dişinizi sıkıp 25 yaşı bekleyin, diyorlar.
* Mahalle baskısı, ya evlenemezsem kaygısının faydası yoktur, yanlış yaptırır.
* Kendi sorunlarını tanımak iyidir.
* Evlilikten ve muhtemel eşten gerçekçi beklentiler kısmı aslında testin en birinci maddesidir. Bu, hem evleneceğiniz kişiyi hem kendi isteklerinizi bilmeyi, hem de evliliğin doğasını tanımayı içerir.
* Ne kadar iyi aile ilişkisi, o kadar az dert. Evleneceğiniz şahsın ana babasını, kardeşini sevmek lazımdır, yok ol-

muyorsa, hiç değilse nazik olunmalıdır.
* Kişisel arkadaşlıklardan vazgeçmemek önemlidir.
* Evlilik kontratını elden geçirmek, samimi olmak, stratejiden uzak durmak evliliğe ve hayata hazırlık için iyidir.
* Duygusunu aktaran, kızgınlığını anlatan, dinleme ile anlamanın farkını bilen, gönül gözü açık insanlar evliliğe de ahbaplığa da pek yakışır.

Bu maddeler çoğaltılabilir ve fakat insanın, kendisinin, önceliklerinin, isteklerinin değişimi, kimi vakit hepsini boşa çıkarıyor. Dert burada aslında.

Bir vakit, birbiri için çok uygun olan iki insan, bir vakit sonra uygun olmaz hale gelebiliyor. Çok geleneksel söylemlerden biri de şu: Sıklıkla, evlenme nedenimiz bir süre sonra boşanma nedenimiz olur! Misal, adam hareketli diye evlenirsin, eve girmiyor diye boşanırsın. Yahut, çok ilgili hatun, gözümün içine bakıyor diye evlenilir, boğuldum, ilgisiyle yordu beni diye boşanılır. Öncelik değişmiştir, eski ihtiyacınız eskimiş, yeniler sıradadır.

Hikâyenin bir diğer ayağında evliliğin sosyal bir kontrat olduğunu da fark etmek gerekiyor. Bu coğrafyada evlilik tarifinin köken yani içinden çıktığımız aileler, muhtemel krizler, gelinler, damatlar, kayınvalideler, eltiler, görümceler hattından iyi okunması önemlidir. Pek çok evli çift, yıllarını aile mevzusuna kurban etmiştir. Biriyle evlendiğinizde onun aile dinamiği ve kültürüyle de evlenirsiniz. Yeni insanlar, eşin ailesi tüm özellikleriyle hızla hayatınıza girer, üç gün önce tanımadığınız insanlara anne-baba dersiniz, siz şaşkın, onlar kaygılı, yakın akraba olursunuz. Bu coğrafyanın evlilik raconu budur ve hangi sosyal grupta olursanız olun, eşin ailesiyle ilişki kurmama yahut kuramama duygusal olarak evlilikte sıkıntı yaratır.

Hepimizin içinde ailemizin onaylanması ve sevilmesi isteği vardır. Fazlaca bireyselleşmiş, hatta ayarını kaçırmış dış memleketler için bu mevzu evliliğin olmazsa olmazları sıralamasında kendine yer bulamaz. Onlar yalnızlıktan dem vurur, biz ise yalnız kalamamaktan. Onlar aileleriyle mesafeli ilişki yaşar, alma konusunda da, verme konusunda da temkinli davranır. Biz ise isteriz ve neredeyse daima alırız, ailemizin sevilmesi, neredeyse sevildiğimizin kanıtıdır. Gerçek budur.

Dilek faslı: İstediğiniz vakit, istediğiniz insanla, istediğiniz şekilde evlenin ve istekleriniz ile gerçekleriniz kapı komşu olsun. Bir de geçinmeye gönlü olmak meselesi var, mühimdir, fark etmenizi dilerim.

Eş seçerken dikkat!

Evlilikle ilgili "akıl, mantık" başlangıçlı cümlelere hastayım. Sen kalk tüm hayatını aynı insanla geçirme sözü ver, hayatın diğer seçeneklerini yok say ve sonra yaşadığın bu hikâyeyi akılla anlamaya-anlatmaya çalış. Olmaz. İstek, ihtiyaç, onaylanma, yalnızlık ahbaplığı hepsi kabul. Hepsinin evliliğin keyfinde de, derdinde de yeri var. Karşımızdakini anlarken de, problem çözerken de malzeme bu. Ne vakit isteği paslıyoruz, akıl oyunlarına giriyoruz, olmuyor. Kadın diyor ki, "Beni sevdiğini söylemeni istiyorum", adam diyor ki, "Çok mantıksız evlendiğime göre seviyorumdur." Adam diyor ki, "Annem konusunda zayıfım", kadın diyor ki, "Mantıksız bu, olmasın."
Büyük harflerle, evlilik bir istek oyunudur, istek istektir, akılla okunmaz, gönülle okunur. İstek kritize edilmez. Yapılır yahut yapılmaz.

"Beş yıldır sevgiliyiz, altı ay önce evlendik ve her şey dağıldı..."

Karşımda oturan genç çift böyle diyor. Şaşkın, kızgın, yardım isteyen iki genç insan... Çıkarılmaya hazır "kandırıldım" pankartı ve kendileriyle gelmişler.

Oysa sevgili olmak başka, karıkoca olmak başka, aşk hepsinden bambaşka. Aşk etrafında âşık ve maşuktan başka insan istemez, karşısındakini kusursuz görmek üzere yaşanır, vakti gelince ya biter ya da sevgili olma haline evrilir. Sevgililik ise kalabalık ister, insan sever, dertleri vardır, kapışılır, küsülür, kızgınlıkları, güvende hissedişleri, rutinleri, hayalleri, hayal kırıklıkları vardır. Evlilik ise hepsinden bambaşkadır, sevdiğiniz artık dış dünyaya ilan edilir, "Eşim" denir, onay istenir ve alt kültürün evli olmakla ilgili bize sunduğu bilgiler güncellenir. Eş olmak insan canlısını ağırlaştırır, fark ettiğimiz yahut etmediğimiz istek ve ihtiyaçlarımız piyasaya çıkar; içinde büyüdüğümüz aile ve toplum evliliğin raconunu hatırlatır; vakti gelmiştir, evlenmiş kadın ve adam artık sistemin parçasıdır.

Evlilik insanın kendi alt kültüründeki bilgileri ortaya çıkarır ve tanıdığımız sevgilinin, tanımadığımız eşe dönüşmesini seyrederiz.

Hepimizin içinde büyüdüğü bir aile ve seyrettiği bir kadın-erkek ilişkisi vardır. Ki bu seyir bizim ilişki repertuvarımızda önemli bir yer tutar. Bilmeliyiz ki evlilikle beraber herkes kendi ailesinden "bir valiz ilişki" bilgisiyle gelir. Valizler açılır, senin ailen-benim ailem replikleri havada uçuşur. Şaşırılır. Sevgili, nişanlı olduğunuz kişi ile evlendiğiniz kişinin aynı olmadığını düşünürsünüz. "Aldatıldım" duygusu, ne vakit "Ben de farklılaştım"a dönerse o vakit sulh sağlanır, valizler tekrar elden geçirilir. "Ne olursa olsun ayrı yatmayalım" adamın valizinden, "Özel günler özeldir, kutlayalım" kadının valizinden alınıp kullanılır. Bu tastamam böyle bir seyirdir. İşimize yarayanı, bize uygun olanı, hayallerimizde olanı alıp, bize gelmez bu, dediklerimizi bırakma vaktidir. Evliliğin ilk zamanı en çok bu kargaşayla geçer. Burayı restleşmeden, yüksek şuurla geçiren çiftler, önlerindeki zahmetli yolun önemli kısmını geçerler. Evlenmenin de, aile olmanın da ilk ve mutlak koşulu biricik olmak, benzemek ancak aynı olmamaktır. Misal, aile muhabbetli ve paylaşımcıdır, BUNU AL! Küsme geleneği vardır, BUNU BIRAK!

Sözün özü şu: Yeni bir aile kurulmaktadır. Eşi benzeri yoktur. İlham kaynakları, kaçındıkları vardır. İlişki bir yandan evliliğe evrilirken diğer yandan kendi, biricik parmak izini yaratmaktadır.

Evlilik parmak izi gibi, eyvallah! Ancak eş seçimi için, her kültürde belirleyici, ortak normlar var. Birbirimize kurayla çıkmıyor, seçiyor, beğeniyor ve alıyorsak bunun tesadüf ötesi bir durum olduğunu söylemek mümkündür elbet.

Evrensel ve iddialı olan görüş, yumurtanın kendisi için en iyi, en uygun spermi seçtiği yönündedir. Sosyolojik hattan baktığımızda, kadının erkekten daha genç ve doğurgan; erkeğinse güçlü, başarılı, doğacak çocukların hayatını yükseltecek oluşu bu teorinin gündelik hayattaki karşılığıdır.

Diğer yandan üstat Freud'a göre, tüm bu mevzu çocukluğumuzda seyrettiğimiz ailede kilitlidir. Yukarıdakiyle ilgili değil! Her oğlan çocuğu annesine, her kız çocuğu babasına benzeri arar.

Bir başka görüşse benzerlik ve ortak özelliklerin varlığı üzerinedir. Bizim coğrafyada ekonomik durum, inanç, ırk, eğitim, yaş ve köken aile benzerliklerini referans alarak yapılan evlilikler sıktır ve buradaki mevzu davulun bile dengi dengine çalması gerektiğidir. Görücü usulü evlilikte, kişisel özelliklerden ziyade, ailesel özelliklerin yahut önceliklerin benzerliği önemlidir. Görücü usulü evliliğin mottosu, "Evlilik evliliktir, hepsi birbirine benzer, tanıdıkça sevecek, birbirinize alışacaksınız"dır. Bu mümkün elbette ve fakat her zaman değil!

Büyük resme baktığımızda, dünyanın her yanında eş seçiminde, erkekler için kadının güzel, kadınlar için erkeğin başarılı olması önemlidir. İstisnalar bir yana, bu durum böyle evrensel, yazılı olmayan bir kural gibi uygulanır.

Eş seçiminde bir diğer unsur kişilik özelliklerimizdir. Bu, eş seçimimizi iki temel şekilde etkiler. Bir grup benzerini ararken, diğer grup benzemez olanı arar. Kendisine benzeyeni arayan, daha az çatışmalı bir ilişki hedefler. Arkadaşların, "Çok benziyorsunuz" diye tanıştırması, buna örnektir. Tıpkı özellikle Amerika'da yaygınlaşan evlilik siteleri gibi...

Amerika'da evliliklerin üçte biri evlilik sitelerinde, birbirine benzer özelliklerin eşleştirilmesiyle yapılıyor. Çok iddialı bir oran. Bu, aslında görücü usulünün, kişisel özellikleri pas geçmeyen, bir başka formu. Uygunluk üzerine, yani benzerin benzeri seçmesi üzerine kurgulanmış bir dinamik... Kişilik özelliklerinize, dünya görüşünüze, boyunuza bosunuza, işinize, aile dinamiklerinize, hayatla ilgili beklentilerinize daha uygun hatta daha benzer olanı seçmek üzerine kurgulanmış bir sistem.

Bütünleyici gereksinimler kuramında ise eksik olanı tamamlamak üzere eş seçimi vardır. Yaygın görüşlerden biri, belli kişiliklerin belli kişileri seçtiğidir. Ve bu seçimler, uyum üzerine değil, ihtiyaç tamamlamak üzere kurgulanır. Yani düzenli, planlı, önündeki 20 yıllık kalkınma planını bilmek isteyen, evinin, hayatının düzenini, hangi gün, hangi saatte cinsel ilişki yaşayacağına kadar ayrıntılarıyla bilmek isteyen obsesif bir kimlik, bakarsınız darmadağın bir kişiliğe âşık olmuş.

Bütünleyici kurama göre şöyle bir şey devreye giriyor: Eksik olan yan, obsesif düzenli ve aslında hayatın kendi akışı içindeki sürpriz ve renkten yoksun olan kimlik, sürprizli ve renkli yaşayan birine âşık oluyor. Bu tamamlayıcı kuram. Burada ihtiyaçların hatta eksiklerin birbirini karşılamasına dair bir istek ve fantezi var ama uygunluk hali yok. Planlı ağabeyin iç sesi, "Sıkıştım, daraldım, yoruldum, hayata akamıyorum, yapılacaklar listesinde takıldım kaldım, rahatlat beni, umursamamayı öğret" derken, dağınık abla, "Derle topla beni, kayboldum" demek ister. Eğer bunlar kanalları açarsa şahane, açamazsa herkes kendi marazına iyice sahip çıkar ve daha savunmacı bir hat çıkar ortaya. Plan ve düzen profesörü ile hayatın içinde kaybolma üstadı oluverirler. Zaaflarını birbirlerine emanet edememişlerdir, işte o vakit hikâye zordur.

Birtakım çalışmalar gösteriyor ki, evlilik öncesi dönemde benzemezlikleri olan ama ilişki kurma ve problem çözme konusunda performansı yüksek, ortak dil geliştirebilen çiftler daha mutlu ve yıllar içinde de birbirine benzemeye başlıyor.

Şunu hep hatırlamalı insan: Evlendiğiniz vakit artık başka bir aileniz de vardır ve köken aileyle hafif yollu ayrılmışsınızdır. Bir sürü suçluluk duygusu yaşarsınız ve ilişkisel derdiniz güncellenir. Dolayısıyla anneyle ya da babayla kurulan ilişkiyi daha çok önemsemeye başlarsınız. Bunlar fena değil, aynı zamanda sağlıklı. Ancak bu coğrafyada evlilik tarifinin iyi okunması gerektiğinin altını bir kez daha çizelim. Katiyen şunu söylemiyorum: Her evlenen, partnerinin ailesiyle can ciğer kuzu sarması olmalı! Hayır, bunu demiyorum. Ama yine bu coğrafyada evliliğin bir alt dinamiği var ve bu dinamik köken aileleri de içerir. Bunlarla kurulan ilişkileri yönetme becerisine sahip olmak, evliliğe hazır olmaktaki en önemli unsurlardan biri. Bir minik dipnot: Partnerinizin köken ailesiyle, ondan bağımsız bir ilişki kurun. Evlilik, başlangıcında ve seyrinde genel geçer kelamlar etmeyi zorlayan bir yapılanmadır. Benzer evlilikler vardır; kadınların erkeklerden istedikleri, erkeklerin kadınlardan bekledikleri, dert başlıkları ortaktır, ancak hiçbir evlilik, diğeriyle aynı değildir. Tam da bu nedenle genel geçer öneri paketleri bir mana içermez. İnsanın istekleri, öncelikleri, huyu suyu, sevdiği sevmediği, iyisi kötüsü günden güne değişirken, evlilik de değişir, dönüşür.

Ömürlük bir kontratın seçimi bahsettiğimiz, başlangıcındaki doygunluk ve dolgunluk, seçtiğiniz eşin size uygunluğu, evliliğin geleceği için faydalı elbet. Gönül eşimizi seçerken kendimizi ve ilişkimizi iyi okumalıyız. Samimiyet ve yaşadığımız ilişkiyi muhakeme etmemiz önemlidir. Tanıdığımız insanı, tanıdığımız haliyle alalım, ben onu elden geçirir, hale yola sokarım diye değil lütfen. Bundan ötesi hayatın sürprizidir, yapacak bir şey yoktur.

Mevzumuz eş seçimi... Eskiler, "Kavun değil ki koklayarak alasın, kaderin iyi olacak" derler. Haklılar ama yine de ihtimali güzelleştirenlerden bahsedelim:

* Hep aynı şeyi söyleyip duruyoruz ancak değiştirilecekler listenizi rafa kaldırın lütfen.
* Ağız tadıyla kapışıp, çözüm üretebilen biriyle evlenmek iyidir.
* Kendini, isteklerini, ihtiyaçlarını, olmazsa olmazlarını samimiyetle fark etmek aktarmak iyidir.
* Strateji yok.
* İnsan canlısı, eş dost ahbabının yanında tanınır; birbirinin sosyal çevresiyle tanışıyor olmak önemlidir.
* Hepimiz köken ailelerimizin izlerini taşırız ve bunu en çok eş seçerken fark ederiz. Seçtiğiniz kişinin ailesine alıcı gözüyle bakmanızı öneririm.
* Geçinmeye gönlünüz olmalı, ancak kendinizi "uyum sağlayacağım"a satmayın.

Bir de unutmayın! Bu memleketin sert damarları, ezberleri vardır. Kendi doğrunuzu bulana dek dikkatli olun. Kendinizi kayınvalidenize "Kaynana" derken bulursunuz ki bu, bataklığa ilk adımdır. Uzak durun...

Herkes ailesinin izlerini taşır

Eski Türk filmleri, içerik ne olursa olsun sıklıkla iki farklı sonla biterdi. Birinde mutlaka ölümün ayırdığı kavuşamayan âşıklar olurdu. Âşıklardan biri yahut ikisi sonsuzluğa intikal eder, biz seyirciler de gözlerimiz şişmiş, boğazımız düğümlenmiş halde sinemadan çıkardık.

Diğerinde ise âşıklar feci zorlukları aşıp sonunda kavuşurdu ve film biterdi. Bu zorluklar, yanlış anlama ve anlaşılmalar silsilesiyle gider, filmin sonuna doğru nihayet esas kız ve esas oğlan birbirini doğru anlar, gözler ve eller beş dakika kadar kilitlenir, kötüler pes eder ve nihayet kavuşulurdu.

Biz seyirciler, kavuşan esas kız ve esas oğlanın neler yaşadıklarını, uzun yıllar bilemedik. O vakit mesaj açıktı; zor olan engelleri aşmak ve kavuşmaktır, sonrası kolaydır yahut film konusu olamayacak kadar bildik.

Evliliğin yahut sıradan günlük hayatın film hatta roman konusu olması uzun yıllar aldı. Evlenirsin, gelinlik giyersin, ev döşersin ve bu esnada adettendir illa ki gerilirsin.

Kayınvalideyle mesafeli, eşle, “Hassas biriyim ben ne yapayım, kafama takıyorum, elimde değil” ilişkisi kuran esas kız ile karısı ve annesi arasında kalan ve bu konuda beceriksiz, iktidarını el yordamıyla kurmaya çalışan, “Beni bulaştırma bu işlere” diyen, oturacağı koltuğu seçmekten aciz esas oğlan evlendiler. Biz bir dönem de onları seyrettik, ancak gündelik ve coşkudan yoksun, çokça gerçek bu esas kız ve oğlan, hücrelere işlemiş olan o romantik ve pembe panjurlu evin esas kız ve esas oğlanının bitmeyen, direnen aşkıyla aynı tadı vermedi.

Bizim gençlik yıllarımızda dünyayla ilişki kurmanın yegâne yollarından biri sinemaydı. Bir yandan yaşadığımız hayatı ve başka hayatları yansıtır, diğer yandan yaşadığımız hayata yön verirdi. Bu dönemin insanları şimdilerde kırk ve üstü yaşlardadır, saf bir romantizmleri vardır ve sevenleri ayırmak günahtır diye düşünür hatta bundan korkarlar.

Evlilikle ilgili bilgisi, hayali, fantezisi bu sularda seyreden, alt kültür bilgisi evlenirsin ve sonra yaşayıp gidersin olan coğrafyada, evlilik ne vakit başladığı için devam etme seçeneğini pas geçti, sıkıntıya düştü, boşanmayla tanışıldı, o vakit evlilik ilgi çeken bir mesele haline geldi. Kaos, sinemanın da, yazar çizer takımının da dikkatini çekti ve sıradan insanın kahraman oluş günleri başladı. Şimdinin gençleri, daima zirveye oynayan kavuşamama senaryosunun yanında, kolayca kavuşan ve sonrasında patlayan sıradan insanı da bilir oldu. Bu nedenle de gençlerin ilişki tarifleri de, biz orta yaşlı takımından daha sert ve daha gerçektir. Gerçi şimdi hayat senaryosuna, "İste dünya senindir, önemli olan sensin hatta sadece sensin, önce sen, sonra sen, azimle ne yapılır biliyorsun, haz her şeydir gerisi de boştur" lafları eklendi, mevzu daha da ortaya karışık oldu. Bu epey zorlu senaryoyu önümüzdeki günlerde izleyeceğiz.

Yazının başlığı afili olmuş, "Herkes ailesinin izlerini taşır!"

Acaba yok! Karşıt görüş ihtimali barındırmadan iddianın dibine vurmuş, insan bilimi için çok keskin bir yargı ve fakat ister biyolojik, ister genetik, ister ruhsal, davranışsal insan canlısının kaderi veya kederinin başlangıcı burasıdır.

İyidir, kötüdür, severiz sevmeyiz ancak bu gerçeği kabul etmeliyiz ve iyi tanımalıyız. Herkesin bahtına bir anne ve bir baba düşer. Herkes bahtına düşen ana babayla önce tanışıp sonra kabul buyurma faslına geçmekle mükelleftir.

Nietzsche, "Hayatımızın dramı bir zamanlar çocuk olamamızda yatar" der. Bu uzun hikâyedir ve konuş konuş bitmez. Biz başka bir yere bakacağız.

İçinde büyüdüğümüz ve seyrettiğimiz ailenin, bizim kuracağımız aileyle, seçeceğimiz eşle nasıl bir ilişkisi olacaktır?

Ana babamızla kurduğumuz-kuramadığımız ilişki, eş seçimimizde önemli midir?

Eşimiz, aynı zamanda ihtiyaçlarımızı transfer edeceğimiz yeni adres midir, yoksa bireyselliği ayarında, ruhu doygun ve dolgun olanlar için bu mevzunun geçerliliği yok mudur?

Yahut iyi-kötü hepimiz ailemizin izini taşırız, ancak bazımızın izi kanayan yaradır ve iyileştirilmeyi mi bekler?

Ben oyumu son cümleden yana kullanırım, siz buyurun, hangisini istiyorsanız alın, kendinize, kendimize samimi olalım kâfi.

Bir yandan bahtımıza düşen anne-babayla baş etmeyi öğrenirken, diğer yandan yeni bir bilgi güncellenir. İhtiyaçlarımız vardır ve karşılanmamaktadır yahut bizim istediğimiz gibi karşılanmamaktadır.

Yeni bir pankart açılır; hepimizin ana babadan tahsil edemediği alacakları vardır. Ve devamı... Bu alacaklar duygusal, ilgisel, sosyal, finansal her alanda ve çeşit çeşit derinliktedir. Ya sevilmediğimiz ya da istediğimiz gibi sevilmediğimiz algımız vardır yahut sevilmiyoruzdur, alacağımız hatta almak zorunda olduğumuz verilmemektedir. Baba bir kez bile sarılmamıştır, anne başkalarıyla kıyaslayıp öyle beğenmektedir. Bizim iyiliğimizi düşünen ama bizi yeterince iyi bulmayan ana babadan tahsil edemediğimiz alacaklar birikmektedir.

Koşulsuz sevilmek isteyen hatta buna mecbur olan ve bunun tek sahici adresi ana babası olan insan canlısı, bizim memlekette bu mevzudan sıklıkla eli boş çıkar. Biz koşul koyarak, altyazıyla akıllı, terbiyeli, saygılı, çalışkan... olunduğunda sevileceği yahut çok sevileceği bilgisini veririz. Koşul koymak bir çocuk yetiştirme yöntemidir ve hepimiz ana babamızdan böyle görmüşüzdür. Ne olursa olsun sevilme, onaylanma, koşulsuz beğenilme, biricik olma ihtiyacımız ana babadan karşılanmadığı ve biz özerkleşemediğimiz vakit bu ihtiyaç transfer edilir. Yeni adres eşimizdir ve tahsil edeceğimiz alacaklar sıradadır. Oysa koşullara tabi ve koşul ihlaliyle irtifa kaybeden ve varoluşunu bundan alan kadın-erkek ilişkisi bunu karşılayamaz. Bu, içinden gelinen ailenin yeni kurulan aileye hediyesidir, ancak evlilik ileriye doğru yaşanır ve geçmişte takılıp kalmayı kabul etmez, sıkılır, kaçar, gider.

Bu bataklıktan, ana babadan tahsil edemediği alacakların zaten onlarda olamadığını, o kadar sevebildiklerini, ceplerinde ne varsa verdiklerini, ana baba olmanın raconunu yerine getirdikleri bilgisiyle çıkan hayal kırıklığı yaşar, anılardaki yerini alır ve yola devam eder.

Ancak alacaklar ana babada var ve vermiyorlarsa durum fenadır, sevilmeye layık olmamayla başlar, ömürlük mağduriyetle devam eder. Bu ahali, bu mevzuya kafa yormalı ve emek vermelidir, hesap görmeli, defteri kapatmalıdır. Eşle ve çocuklarla kurulacak ilişki bunu talep eder.

Bir de çocuğunu doyurma konusunda ayarı uçmuşlar vardır ki onlar da başka bir maceradır. Bu grup daha çok erkek çocuk ve hayatını ona adayan mutsuz anneleri yahut oğlu ile kendini, hayallerini özdeşleştiren babaları içerir. Çocuk şahanedir, yanlış yapmaz, anne ve/veya babasının hayatı ona adanmıştır, eş de buna uyum sağlamalıdır.

Buradaki, gündelik hayatta tanıdığınız ve fakat ailesiyle birlikte gördüğünüzde şaşırdığınız, evlendikten sonra yüksek pohpohlanma talebi, eleştirilmeye tahammül edemeyen halini yaşadığınız eşin hikâyesidir. Evin kralı başka bir eve geçtiğinde bilgisi güncellenir, fena halde beğenilmek ister, olmazsa saldırganlaşır ya da küser.

Köken ailemiz bizim kaderimizdir, kimimiz doygun ve kabul edilmiş, onaylanmış ilişkiler yaşarız, kimliğimize sahip çıkarız, koşulsuz seviliriz, seyrettiğimiz ailenin bazı yanlarını alıp bazı yanlarını arkamızda bırakırız, ihtiyaçlarımız karşılanmıştır. Yeni kuracağımız aile, köken ailemizin ne aynısı ne de karşıtıdır. Bu en şahane senaryodur ve memlekette az bulunur. Bir de köken aileyle derdi olan ancak, takılmamış, bu dertler üzerinden kimlik geliştirmemiş, karşılanmayan isteklerini eşe transfer etmemiş olanlar vardır ki, onlara şapka çıkarılır. Buralarda dert yoktur, hayatın sihrini erkenden fark etmiş, hayatın lezzetini mühimseyen, tekâmülü yüksek insanların yaşadığı seyretmeye değer ilişkiler vardır. Tarihleri iyidir, kötüdür, ancak gelecekleri kendi ceplerindedir

Dertli olan, bir yandan karşılanmamış ihtiyaçlarını eşe transfer ederken diğer yandan bunları karşılama şansı düşük adresleri seçendir. Misal, alkolik babanın ihmal edilmiş, şiddete maruz kalmış, gündüz melek gece şeytan baba ile güvenlik duygusu zedelenmiş, en çok ve derinden güvenlik ihtiyacı olan kızı nasıl oluyor da alkolik kocayla evleniyor?

Hani karşılanmamış ihtiyaçları vardı, güvenlikli ilişki önemliydi, ne oluyor da bildik sulara geri dönüyor, babasından alamadığını kötü yatırım kocaya aktarıyor...

Sonrası malum, damat kayınpeder toprağından olur, her kız annesinin kaderini taşır...

İnsanın bildiği, iyi tanıdığı ilişki tipini seçişi, kendi mağduriyetinden vazgeçmekteki zorluğu, tahsil edemediği alacakları, benzer bir adres bulup ondan tahsil etmek isteyişi, yani alkolik babadan alınamayan, ancak alkolik kocadan alınarak iyileşir, kader, kısmet hepsi kabul. Ancak kendi tarihimizi iyi okumaya çalışmalıyız, hayat tercihlerimiz için de hayat öykümüzün tamamı için de bu çok kıymetlidir.

Başka bir misal, annesi tarafından fena halde doyurulmuş ve ondan ayrı kimlik geliştirememiş, en iyi arkadaşı annesi olan oğlan çocuk, erkek olduğu vakit başı derttedir. Ya itinayla, bir anne-kadın bulunur ve transfer yapılır yahut bulunan kadından annelik yapması istenir.

Yaşantılardan ibaretiz ve fakat anılarımızın bazısının altını bazısının üstünü çizmeye, yük atmaya ihtiyacımız var, yeni yükler bunu istiyor. Evlilik yeni yüktür, keza çocuk sahibi olmak, yeni kimlikler sahibi olmaktır ve yeni alanlara ihtiyacı vardır. Esas kız ve esas oğlan bizim dünyada evlendiklerinde bilindik tehlikeli virajlarla karşılaşır. Bunlardan biri evliliğin ilk dönemidir ki bu dönemde içinde büyüdüğümüz ve repertuvar oluşturduğumuz köken ailemizin ilişki şekli, yeni ve kurulmakta olan evliliğin üstünü sis bulutu gibi kaplar.

İki köken aile ve onların evlilikleri karşı karşıya gelir, "Ben ailemde böyle şey görmedim, annem her sabah kahvaltı hazırlar, benim bildiğim eş böyle yapar, fedakâr olur" diyen adam ile "Babamın sesi daima yüksektir, bir kez bile sesin yükselse çeker giderim" diyen kadının hikâyesi başlar.

Yeni ve biricik aile kurulurken bu olağan, alacakları ve bırakacakları vardır, kendi hayalleri ile getirecekleri vardır. İtirazım köken ailenin ister aynısını ister tersini yaratmaya çalışanlara... Rahat bırakın kendinizi, ilişkiniz kararı verir, ailelerinizi kopyalamayın, reddetmeyin, farklı ve yeni, eşi benzeri olmayan bir aile olmayı göze alın. Tüm aileler parmak izi gibi; siz kendi parmak izinizi yaratın, korkmayın, sahici olan güçlüdür.

Köken ailenin damgasını vurduğu bir diğer dönem onların anneanne, babaanne, dede, sizinse anne baba olduğunuz dönemdir. Herkes yeni bir giysi giyer ve acemidir. Anneanne ile babaanne bir yanda sessiz rekabet ederken diğer yanda annenin herkese kızası vardır, koca uzaklaşmış yahut uzaklaştırılmıştır, kayınvalide sorunsalı zirvededir, anne şişmandır, çirkindir, yorgundur.

Bu gürültülü vakit kazasız atlatılabilirse, yeni anne baba çocuk nasıl yetiştirilirle ilgili anlaştıkları ve anlaşamadıkları, kendi anne babalarını referans aldıkları bir döneme girerler. Gölgeler yine gelir, köken ailemizin doğruları güncellenir. Bu defa replikler; benim annem bizi disiplinli yetiştirdi sen çok şımartıyorsun, her ağladığında kucağa alırsan olmaz, baban gibisin, içinden annen çıktı, şekline döner.

Doğrudur! İçimizden annemiz, babamız çıkar, kızgınlıklarımız, minnet hissedişimiz hepsi çıkar. Bu bir durumdur ve olgunlaşacak, kendi şeklini bulacaktır. Konuşmak lazım, en çok da eşle, onun da kaygıları, ezberleri vardır. Güvenmek lazım, hatıraları, iyi kötü hissedişleri, bir çocuğun anne babası olmanın olağanüstü ortaklığını ve lezzetini konuşmak lazım.

Hepimiz kendimizi, geçmişimiz ve hayallerimizle harmanlıyoruz. Önce kendimiz, sonra dünyayla ilişki kuruyoruz. Hepimiz ailemizin izlerini taşıyoruz, bu bazen arkada bırakacağımız yük bazen ise yolumuzu aydınlatan ışık oluyor. Hayal kırıklıklarımız, kırılganlıklarımız, güçlü yanlarımız var. Kendimizi tanımaya, evrilmeye, hayat öykümüzü tekrar ve tekrar yazmaya muhtacız. Yoksa kendi hayatımızın esas oyuncusu olmanın özel ve biricik yanını kaçırırız. Yol gösteren ışığınızın bol olmasını dilerim.

Kimliğini evliliğine satan kadının öyküsü

Huzur İslam'da mıdır, bilmem -ki sanmıyorum- ancak aşkta değil. Aşk iddialı oldu, sakinleşmiş, kendi ezberini yaratmış kadın-erkek ilişkisi bile huzurun fazlasını taşıyamıyor. Oysa kime sorsanız huzur istiyor, hayat yorgunu, coşkunu, bedbahtı, ihtiraslısı, herkes huzurun peşinde.
Huzurun anlamı "gönül rahatlığı hissetme."
Hikâyenin koptuğu yer burası olsa gerek, gönül rahat sevmiyor hatta rahat batıyor, hırpalanası var, kendi varlığını hissetmek için canını yakanlar gibi, acısı arttıkça var oluyor.
Şimdi biz bu durumu paşa paşa kabul etsek, şu huzur mevzusundan umudu kessek fena mı olur?
Sen sağ ben selamet yaşayıp gitsek.
Huzursuz hayvanlar gibi, koklayarak, kifayetsiz muhterisler olarak ve bunu kabul buyurarak yaşasak.
Yahut kadın-erkek ilişkisinin elinden huzursuzluğu, kaygıyı alsak, huzur komasında yan gelip yatsak, bilsek ki hastalıkta sağlıkta, iyi günde kötü

günde hikâyesi gerçekmiş, o vakit gönül rahatlar mı?
Asıl soru şu: Aynı kadın ve aynı adamın aynı yatakta ve aynı hayatta geçireceği ömür neyi ummaktadır?
Bu kadar çok aynının arasında en sıradanımız bile daimi huzurun altında eziliyor. Azı karar, çoğu zarar huzur, devam edebilmek için huzursuzluğa ihtiyaç duyuyor.
Eşeğini önce kaybedip sonra bulan ve pek mutlu olanların kulağı çınlasın.

Halide Edip Adıvar'ın *Handan*'ını bilirsiniz... Oradan bir bölümle selamlayalım bu yazıyı...

"Ben onu seviyorum, körlerin ziyayı sevdiği gibi seviyorum. O yanımda olmasa bütün hayat vazifelerim duracak zannediyorum. Ne vakitten beri onu seviyorum, nereden geliyorum..."

Hadi gelin size bir boşanma öyküsü anlatayım.

Bir adam! Kızgın, saldırgan, küstah, sıkılmış... İtinayla yarattığı kadını artık beğenmiyor...

Bir kadın! Ezik, kendini beğenmiyor, kimdi hatırlamıyor, hayattan korkuyor... En fenası adamsız yaşanmaz sanıyor.

Bu, edepsiz adam ile edepli karısının öyküsüdür... Alttan aldıkça, altta kalan kadının öyküsü... Kimliğini evliliğine satan kadının...

Küçülmüş, büzüşmüş, hayatı "o adam" zanneden kadının... Her şey iyi-kötü giderken, tek kişilik ilişkinin muzaffer kumandanı adam durur ve "Seni istemiyorum" der. "Sahici bir ilişki istiyorum! Saygı duyacağım kadın istiyorum! Fikri olan kadın istiyorum!", "Hayatını bana adadı ama yapmasaydı! Onu tanıdığımda başkasıydı!"

Der, der, der...

Kendine ihanet eden kadın, önce adamın yasını tutar, iyileşir, hafifler. Sonra kendi yasını tutar. Bu defa kolayca iyileşemez. Vakit, kendine ihanet eden kadının hesap görme vaktidir. Sorular, kızgınlıklar el ele tutuşur...

Kimdim ben?

Neden izin verdim?

Nasıl yaşayacağım?

Günlerce susar, yalnız ve yorgundur. Hak etmişliğin yükü vardır üzerinde, altında ezilir...

Ne zaman ki yeterince acı çektiğine ikna olur, işte o zaman yası biter.

Kendine ihanet edenin yolu her zaman daha uzun, daha zahmetlidir. O yolda affedilecek insanlar, unutulacak hayatlar vardır. Kolları sıvar, bazısının üstünü, bazısının altını çizer. Elinde kalanları allar, pullar yola çıkar.

Siyah beyaz film tadında yaşayan kadın filmini renklendirir, gülümser, söyleyecek sözü, karşı duracak fikirleri olur.

Kendine de, hayata da acemi kadının, kendisiyle ve hayatla tanışma macerası başlar.

Heybesinde kendisiyle ilgili bilgisi, elinde "affettim kendimi" pankartı, önünde hayata dair hevesleri, yolculuğuna başlar.

Yok yapamaz yahut yapmaz ise, yazık olur, kederi kaderi olur, bir, heba olmuş ömür hikâyesi olur. Hayatı da kendisi de donar, hayat akar o seyreder. Bu kadınlara yardım etmek lazım, sarılmak, sahiden yanında olmak, kadın olmayı, insan olmayı hatırlatmak, omuz vermek, dinlemek...

Pekâlâ, bir soru!

Kimliğini koruyarak evlilik sürdürmek mümkün müdür?

Ve bir cevap:

Bu evlilik devam etmek zorunda, üstelik kavga gürültü yasak ise elbette kimlik korunamaz. Ancak, mutlak korumaya aldığımız kimliğimiz ve mutlak olmamak üzere koruduğumuz evliliğimizse bu sorunun cevabı EVET. Öncelik sıralaması yapacağız, kimliğim, evliliğim...

Sadeleşelim; evlilik bir kontrattır ve hizmet ettiği alanlar vardır. Ruhumuzu okşar, hayatımızı kolaylaştırır, sosyal prestij sağlar. Çocuk yapılır, güven hissedilir, her ne ise ancak bir kontrattır ve bitebilir. Evliliğin devamı kişisel bir karardır, hiç kimsenin söyleyecek kelamı olmaz. Ancak kimi vakit evlilik öyle irileşir ki, olmadan yaşanmaz duygusu kişiyi işgal eder. Bu defa tek kişilik oyun başlar. Evliliği olmazsa yaşamayan kadın ve "Artık oynamak istemiyorum" diyen adam.

Oyun zaten tek kişilikti, adam oyundan ayrıldı, kadın başka oyun bilmiyor, mesele budur.

Benzetme yapalım, uçaktasınız ve uçak evliliğiniz, "siz ve koca" uçağın iki pilotusunuz. Pilot koca diyor ki, "Benim istediğim gibi kullanmazsak uçağı düşürürüm, sen kumanda paneline el sürmeyeceksin." İnsandır bu şaşabilir, boşuna dememişler beşer şaşar diye; "Gel kollarını keselim, sen bana güven, bacaklarını da keselim, paraşütünü de ver, ben uçağımızı götürürüm."

Siz gelinlikle çıkılıp kefenle dönülen coğrafyanın kadınısınızdır, adamı seviyorsunuzdur, kaldı ki adam uyumlu bir kadın istediğini baştan söylemiştir ve zaten uçaktan başka yerde yaşanmaz, "Mecburum" dersiniz. Paraşüt alınır, kol bacak kesilir. İnsandır bu sahiden şaşar, adam der ki: Çok konuşuyorsun dikkatim dağılıyor, susarsınız. Mecbur uçak uçacak, artık paraşüt de yok.

Anlatırken ruhum daraldı. Mevzu şudur: Kimsenin kendisine ihanet etme hakkı yoktur. Kimliğinden vazgeçerek yaşanacak ilişkinin bedeli ağırdır. Hayatımızdaki her ilişkiyi kaybetmeyi göze almak durumundayız. İstemek, çok istemek, mücadele etmek hepsi önemli ve fakat tüm bunları yapabilmek için de bir kişi olarak ayakta kalmamız gerek. Lütfen!

Pekâlâ soruyu tersten soralım: Kaybetmeyi göze aldığımız

evliliğimizde, –ki bu kaybedelim değil, hem kendimizi hem evliğimizi kazanalım hikâyesi– kimliğimizi koruyarak nasıl devam edeceğiz?

Önce bu, üstüne basa basa söylediğimiz "kimlik" nedir, ona bakalım...

Kimlik, toplumsal bir varlık olarak insana özgü olan belirti, nitelik ve özellikler ile kişinin belirli bir kimse olmasını sağlayan şartların bütünü olarak tanımlanır.

Hadi daha da sadeleştirelim: Kimlik belirli bir kimse olmaktır, ki en kıymetli tarif budur kanımca...

Hayattaki önceliğimize, bizi "bir kimse" yapan yanlarımıza evliliğimizin her aşamasında ne kadar sahip çıkıyorsak, o kadar koruyoruz. Çatışma, kavga etme, tartışma, uyumlanmanın ayarını tutturma, sevilmemeyi göze alma... Adına her ne derseniz deyin, evliliğin de kimliğin de sihri budur. Karşısındakinin kendi uzantısı değil, "bir kimse" olduğunu fark edebilenler evlenebilir. Yüzüncü kere evliliğin bir kontrat olduğunu ve bitebilirliğinin, bu kontratın en önemli maddesi olduğunu söyleyelim. Bitebilir, son maddedir ve oraya gelene kadar, elden geçirilecekler vardır, yol uzundur, zahmetlidir ve ayrılık bu yolun son seçeneğidir.

Özet geçsek:

* Evliliklerin bazısı devam etmemelidir.
* Kimlik kaybı öncelikle kadına ait bir derttir ve muhtemeldir ki bu durum mahalle baskısı ve kadın olmanın ruhsal donanımıyla bağlantılıdır.
* Adama güvenmek, kendini emanet etmek başka, onun uzantısı olmak başkadır.
* Paraşüt arkadaştır, iştir-güçtür, ruhsal donanımdır, finansal özgürlüktür ve önemlidir.
* Hepimizin kendimizi yeniden var etme becerisi vardır ve pek keyiflidir.

Dilek cümlesi hafif kalır, mecburiyet demek lazım. Herkes kendi kimliğine sahip çıkmak mecburiyetindedir. Yok olmadı, kolları sıvayıp kendimizi yeniden var edeceğiz. Kendimize itimat edelim lütfen.

Beş doğru bir yanlışı götürür mü?

Bu sevme halinin buharlaşıp uçuşu ilk yaşandığında -ki o vakit insanın gelecekteki sevebilirliği kısıtlanır- öğrenilir ki, bir kez biten aşk bir daha bitebilir. Fena halde sevilen ve nihayet bulunan öteki yarınız, anlam ve önemini kaybeder. Önce şaşkınlık sonra umutsuzluk ve nihayet sonsuza değin sevilesi insanı arama yolculuğu. Bir-iki derken insan kederle öğrenir ki aşk fani, yalnızlık baki. Bu, hayatın ve kadın erkek ilişkisinin tüm seyrini değiştirir. Bugünün sevilesi adamı, bilirsiniz ki yarının öteki adamıdır.

Adamın günün birinde sizi sevmez oluşu mevzusu ayrı, o hiç olmazsa mağdur olmanın, aşk acısı çekmenin, şarkıların, şiirlerin, arkadaşların ve rezil adam nağmelerinin arasında atlatılır. Adam kötü çıkmıştır, gönül yanlış adrese konmuştur, aşkın gözü kördür ve gözü açık bir aşk ile bu konu halledilecektir.

Daha fena olan sevilmemek değil sevememe ihtimalidir. Zira, insanın kendi duygusunun güvenilmezliği ile bizzat tanıştığı ve şaşırdığı bu vakitler,

çok sevilenin, sevilmeyene dönüştüğü,
"Uğruna canımı veririm" kelamının,
mazide kalan ve nasıl söylendiği
hatırlanmayan bir cümleden ibaret
oluşunu içerir.
Sevginin de acı gibi kaypak bir duygu
olduğunu bizzat öğrendiğimizde,
sevebilirliğimiz sınırlanır, temkinli
sever hale geliriz.
İlk aşk yahut ilk sevdanın insanın
hayatındaki en kıymetli ve benzersiz
yanı muhtemeldir ki budur. Adı
hatırlanmayan ilk sevgili ya hayırsız
çıkmıştır ve gitmiştir yahut biz
hayırsız çıkmışızdır ve gitmişizdir.
Bir kez biten aşkı tadan, gardını
almayı önce öğrenir, sonra unutur.
Bu hikâye de böyle sürer gider.

Bir yerlerde okudum, "Ruhumuz derimiz gibidir, bir okşamanın etkisi çabucak geçer, ancak küçük bir sıyrığın iyileşmesi zaman alır" deniyordu. Bu, evli çiftlerin gündelik hayatlarıyla ilgili yapılmış ve magazin kokan bir çalışmaydı ancak benzetme çarpıcı!

Kendini yenileyen, yaşlanan, yılların izini pas geçmeyen, bazılarında çizik izi geçmezken bazılarında derin yaraların izinin kaybolduğu, her an yanı başımızdaki deri ve bilinmezlik kraliçesi var: ruh. Malum, ruh, psikiyatrinin kraliçesi, elitlerin elitidir ve gündelik hayat, deri gibi alt sınıf malzemelerle bir aradalığı pek nadirdir. Somut olanı sevmez hatta indirger, o yüzden günlerce bu cümleye hem takıldım hem de onu pek sevdim.

Bu çalışmada, ilişkide beşe bir kuralından bahsediliyor ve "Bir kötü hissediş ötekinin beş iyi davranışıyla nötralize oluyor" deniyor. Tıpkı deride olduğu gibi, iyi hissediş ruhta da daha az etkili. Belirleyici olan hayal kırıklığı, kızgınlıklar... Gündelik hayatta iyilik kötülükten güçsüzdür, özeti bu. Tam da burada gündelik hayatın konuşsan konuşulmaya değmez, unutsan unutulmaz ve fakat varlığıyla hayata damgasını vuran hallerinden bahsetsek? Hani keyfiniz yoktur da nedendir hatırlayamazsınız. Muhtemelen incir çekirdeğini doldurmaz bir nedenledir ancak ağzınızın tadı bozulmuştur ya, o hallerden bahsetsek? İpe sapa gelmez hadiselerle canınız sıkılmıştır, karşınızdaki sizi kötü hissettirmiştir, farkında mıdır, belli değil. Ancak siz farkındasınızdır ve size kendinizi kötü hissettiren şahsiyet şapkadan en az beş iyi tavşan çıkaracak vakte kadar cezalıdır. Bu, cezanın sıklıkla asıl konu üzerinden verilmediği bir haldir.

Ezcümle bozulduğumuz ve tırnak içinde maruz kaldığımız kötü davranışı söylemezsek muhtemeldir ki, kaşımız gözümüz, sesimiz soluğumuz söyler yahut en iyisinden söyleniriz.

Kadın, "Aç mısın?" der, adam televizyon seyretmeye devam eder, duymaz. Kadın bozulur. İç sesi, "Bu adam seni hiç dinlemiyor" der ve yüzü asılır.

Adam bunu fark eder, "Pardon duymadım" der, öper. Kadın, "Kahve ister misin" der, Adam, "Saçın ne güzel olmuş" der ve gülümser; mevzu kapanır.

Araştırma bunu anlatıyor. Oranı bilmem ancak ilişkide olumsuz davranış yahut duygunun, sıklıkla, olumludan güçlü olduğunu düşünürüm. Bunu anlamak ya da üzerine muhabbet döndürmek mümkün.

Misal, "Ne yapalım, insan eşine çok emek veriyor, en önce diğer tüm ihtimallerden vazgeçiyor. Kendini veriyor, o yüzden çok hassas, hemencecik kırılıveriyor" deriz. Yahut "Çok sevilesi, beğenilesi, şu fani dünyada bir insan canlısının en kıymetlisi olası var, o nedenle çok kırılgan" deriz. Doğru da, sevilesi, beğenilesi, fena halde önemli olası var, hepsine tamam da, benim takıldığım yer, bunun tam da tersi.

Sorum şudur ey ahali: İnsanın kendine yontmasının yahut kıymetli egosunun oranı ise tam tersi; beş doy, bir doyur. Yer değiştirip bu defa kötü hissettiren biz olduğumuzda, tek tavşanın mevzuyu çözmesini neden ve hangi şuursuzlukla bekliyoruz. Evlendik, kırıldık, yaşadık gördük ya hani. Ruhumuz çabucak kırılıp zorca iyileşiyor. Peki, ne oluyor da karşımızdakinin ruhunun başka tür olduğunu düşünür hale geliveriyoruz. Adama, "Şişmanladın, göbeğin çok kötü" dediğimizde ve adam bozulduğunda ve hadi nerede benim beşlim dediğinde ne oluyor da mevzuyu önemsizleştiriyoruz yahut gerçek ölçüsüyle okuyoruz. "Aman canım, ne var, şişmanlamışsın dedim, abartma." Doğru, abartmasın, o vakit sen de abartma hatun, yahut bu abartma mevzusunu evliliğin raconu kabul edelim ve pek sevdiğimiz ama nerede kullanılır bir türlü kavrayamadığız empatiyi karşılıklı kullanalım.

Evlilikte hepimizin gündelik hayatımızdakinden daha alıngan, hassas olduğu malum. "Umurumda değil" noktasına gelmediysek, derimiz kalınlaşmadıysa yani halen duygusal olarak evliysek empatinin vakti gelmiştir ve karşımızdakinin de benzer duygularının olabileceğini bilmeliyiz.

İnsan canlısının evlilikten beklentisinin ayarsızlığını, evlenmiş olan herkes bilir. Sevilmek, hem de daima, beğenilmek, onaylanmak, cinsel yönden çekici bulunmak, sözü dinlenmek-önemsenmek, ailelerin sevilmesi yahut sevilmiyorsa fark ettirilmemesi, parasal ortaklık..... Ve asıl bomba bunların hepimiz tarafından koşulsuz ve her zaman istenmesi.

Cinsi latifin burada altını çizmezsek ve onu pas geçersek olmaz. Bu mevzuda, yani hassas olma, gündelik hayatta alınma, kızma ve iyi hissettirilmeyi coşkuyla bekleme mevzusunda performansı adamlardan daha yüksektir. Bunun kadınsı, sosyolojik, hormonal yahut yüksek fedakârlıkla açıklanabileceğini varsayalım. Ancak adamların da alınganlıkları, kızgınlıkları var ki çoğu kendileri tarafından bile zor fark edilir. Eşinin hassasiyet yahut kırgınlıkları olduğunu ancak çift terapisinde fark etmiş çok kadın tanımışlığım vardır. Biz burada, söze dökülmesi ihtimali daha düşük olan kırgınlık yahut kızgınlarımızdan bahsediyoruz.

Farkındasınız değil mi ey ahali?

Söylesen olmaz, küçüktür, basittir hatta komiktir. Arkadaşa anlatsan olmaz ya karizma çizilir yahut "Abartma" der. O nedenle en çok da gündelik hayatın ıvır zıvırı, kadın yahut erkek olmanın yansıması olan arızalar, empatiye, ancak ve mutlaka, sadece eşin empatisine ihtiyaç duyar.

Eş, "Anlıyorum seni, ben de böyleyim" der.

"Bu herhalde insanın eşe dönüştüğü vakit olan bir hal" der.

"Ben başkalarıyla farklıyım" der.

"Sen bozulduğunda bana söyle" der.

"Ben bozulduğumda sana söyleyeyim" der.

"Boş ver mevzunun önemini, seni üzdüyse benim için önemlidir" der.

Der, der, der... İşte o vakit empatinin dibine vurulur, beşe bir tarihe gömülür ve empati hızla sempatiye dönüşür.

Dilek cümlesi olmadan olmaz: Önceki paragraftaki eşten dilerim herkese... Bulursanız kaçırmayın.

Mutlu evliliğin sırrı var mı?

Evliliğin yaygın durumlarından biri,
bitemeyecek kadar iyi, devam edemeyecek kadar
kötü olma halidir. Ne ölen ne gülen, öyle
yaşanıp giden; zaten hayat da budur.
"Geldik gidiyoruz" şeklindeki iç bayıltıcı bu
evliliklere, yazarken bile tahammül
etmek zordur.
Bitemez, adam dövmüyordur, sövmüyordur,
içkisi yoktur, kumarı yoktur; kadın
namusludur, evinde barkında, çoluğunda
çocuğundadır.
Devam edemez! Mutsuzluktan solup
sararıyorlardır veya "Tek hayatımız buysa
ve böyle geçecekse eyvah!" fısıltısı ruhu
işgal etmiştir.
Evliliğin rölantide olma, dinlenme, kızgın
olma, üzgün olma hali değildir bu...
"Olmak ya da olmamak, işte bütün mesele"
durumudur...
Evliliğin devamının hayat memat meselesi
olarak paketlendiği bu durumu tehlikeli
ve hatta dayanılmaz kılan, bitememe ve
devam edememe mevzusunun denkleşmesidir.
Eğrisi ile doğrusu anlaşmış, renklerden

gri kazanmış, hayat öyle yaşanıp gitmektedir. Zannımca arkaya bakmadan kaçmak gereken bu durum, hücreleri işgal edip, sıradanlığın kitabını yazmadan duruma müdahil olmak lazımdır.
Cesaret in, sıradanlığın rahatlığı out.

Mutlu evlilik, ömürlük fantezi, asırlık müessese, nane şekeri, ferahlık, yalnızlıktan kurtulma, sevdiceği olma, yaslanacak omuz, çocuklar, torunlar, el ele tutuşma, şefkat, şehvet, ev, seyahat etme, televizyon seyretme, birlikte iki duble içme, sohbet etme, eş dost sahibi olma, ana babasını sevme, kavga etme, küsmeme, çabucak barışma, kıyamama, özleme, özlemenin kıymetini bilme, samimiyet, burnunun direği sızlama...

Evlilik, insan canlısının ahir ömründeki mutluluğunun ilk sıradaki belirleyicilerindendir. Benim kişisel olarak da, profesyonel olarak da, evliliğinde mutsuz olan ve fakat hayatını mutlu tarif eden kimseyi tanımışlığım yok. Hayallerimizin ve hayatımızın en birinci işgalcisi olmaya aday olan evlilik, doyurulmayı bekler ve doymazsa kendi filminin başkahramanlarının hayatından beslenmeye başlar. Mesele açık seçik şudur: Evliliği doyurmaz, keyfini iyi etmezseniz o da sizin keyfinizi kaçırır.

Her evliliğin kendine has yanları bir yana, birkaç kelam edilecekse eğer, en önce, esneyebilen evliliklerin iyi olduğu söylenir. Malzemesi insan olan ve dolayısıyla istekleri, öncelikleri hababam değişen evlilik, kendi değişim performansını da sağlam tutmalıdır. Hiçbir ilişki tarifi, yıllar içinde aynı kalmıyor. Keza eş tarifi de... Esneyemeyen her şey kırılıyor, evliliğin de yaşamsal ve zamansal değişikliklerle yeni pozisyonlar alabilmesi önemli ve gereklidir.

Aynı hayatın içinde kırk şekle giriyoruz: Sevgili, şehvetli eş, anne, baba, hayat gailesiyle ezilmiş insan, başarıyla şaşırmış insan, şehvetini kaybetmiş insan, yaşlanmakta olan ve korkan insan... Günlerce konuşulur insanın çeşit çeşit hali. Her yeni hal esneyebilmeyi ve yeniden yapılanmayı gerektirir. Esneyemezsek, kırılırız, dökülürüz.

Mutlu evlilik, mutsuzluk gerekçelerini başarıyla bertaraf etmeden yol alamaz. Yaşanacak dertler, sayıca çok, çeşitçe boldur ve ortak problem çözme biçimi olan çift iyidir, hatta çok iyidir. Dertlerle baş ederken birden çok çözüm biçimi olan çift daha da iyidir. Bazı çiftler, evliliklerinde problem çözme, dertlerle baş etme konusunda çeşit çeşit çözüm mekanizmasına sahiptir. Hoşlanmadıkları ya da kızdıkları bir durum olduğunda bazen söylenir, bazen kavga eder, bazen geri adım atar, kimi zaman mizah kullanırlar. Ancak finalde bir çözüm üretirler. Bazen ise uzlaşamayacaklarına ikna olurlar, ki bu da bir nevi çözümdür. Bu, yola ve hayata devam için şarttır.

Fakat karıkoca ilişkisinde yıllar boyu hep aynı çözümsüzlük içinde dolaşan çiftler de vardır. Biri küser öbürü öfkelenir ama hep aynıdır denklem. Konu bazen eve alınacak koltuk takımıdır, bazen derin bir hikâye. Sonunda çözümsüzlük vardır. Bu kötü. İlişkide birden çok çözüm formülünüzün olması lazım. Ve unutmayın, az restleşen çiftler daima daha iyidir. Çözüm üretemeyen ve bazı alanlarda uzlaşamayacağının farkında olmayan, "Mutlaka uzlaşmak lazımdır çiftleri" restleşme batağına saplanır.

Epey iddialı "mutlu evlilik" tarifinden önce, evliliğe bir terapistin gözünden şöyle bir bakalım. Asırların şampiyonu, hayatın en birinci işgalcisi, en yaygın gönüllü organizasyon evliliğin üç temel ayağı vardır. Üçgen gibi düşünün...

Bir köşede duygu hattı, öbür köşede iletişim hattı ve diğerinde iktidar hattı var. Üç temel hat...

İktidar mücadelesi ya da restleşme alanında çiftler birbirine elense çeker. Kazanmak esastır, haklı olmak ile mutlu olmak arasından daima haklı olma seçilir ve mutlu olma treni kaçırılır. Burada bütün hattı iktidar mücadelesi üzerinden geçiren ve döndüren çiftler vardır. Durmaksızın restleşirler, içeriye hiç bakmazlar, aslolan kimin, kimin kalesine gol atacağıdır. Aslında iki kale de evliliğe aittir ve gol yiyen evliliktir.

İnsan canlısı, entelektüalitesi ve kendini ifade etme becerileri artıp, daha çok kelimeyle konuşur hale geldikçe iletişimin tanımı da deforme oldu. Ben ne düşündüğümü, ne hissettiğimi ya da ne yaptığımı anlatırım. O da anlar, anlayınca zaten kabul eder ve onaylar... Bu katiyen bir iletişim tanımı değildir. İletişim tanımı, anlatırsınız onaylar ya da onaylamaz ama anlar. Evlilikte iletişimin uzantı tanımı da kendisi kadar önemlidir: "Uzlaşamayacağınız alanlar olacağı kısmında da uzlaşmalısınız..."

Her alanda uzlaşmaya oynarsanız restleşirsiniz ve ciddi bir iktidar mücadelesine gidersiniz. İki ayrı aile dinamiğinden, ayrı hayat tarihinden, başka başka hayallerden ya da hayal kırıklıklarından gelen bir adam ve bir kadının uzlaşamayacağı alanlar vardır. Evlilik bir akıl oyunu değil, istek ve duygu oyunudur. Uzlaşamama ihtimali konusunda uzlaşmak, aslında iletişimin en üst ve en kıymetli tarifidir. Bu bilginin cepte ve hayatta olması önemlidir.

Duygusal hat ise bilinmezliğin en çok olduğu, bildiğimizin yanıldığımıza yetmediği yerdir. "Çok seviyorum" deriz, "Nesini?" derler, "Bilmiyorum abi, çok seviyorum işte" deriz, mevzu kapanır. "Seviyorum" diyorsa seviyordur ve "Sevmek kutsaldır, kıymetlidir, sevenlerin arasına girilmez, sevenle oyun olmaz, sevgi anlaşmak değildir nedensiz de sevilir" der konuyu kaparız.

Zira, "Çok iyi adam" dersiniz, bir sürü çok iyi adam vardır. "Çok şefkatli kadın" dersiniz, o da bir dünya vardır. Birini sevebilmenin formülünü bilmiyoruz, gönül coşkuyla ota ve bilumum başka şeye konuyor, sonra aynı coşkuyla vazgeçiyor.

"Yorgunum, vazgeçtim, oynamayacağım" diyen gönül aynı oyunu defalarca, tekrar tekrar oynuyor. Bilgi şu, gönlün ipiyle kuyuya inilmez. Ve fakat bu güvenilmez kardeşimiz gönül, evliliğin duygusal hattını oluşturur ve lazımdır. Adına gönül bağı, sevmek, onsuz mutsuz olmak, duygusal yoksunluğunu doyurmak, öteki yarını bulmak... ne derseniz deyin burası duygusal hattır; azdır çoktur, derindir yüzeydedir ancak evliliğin önemli alanlarından biridir.

Duygusal hattın var oluşu ve devamında, neler yapsak sevmeyi ve sevilmeyi garantileriz konusunda bildiğimiz yanıldığımıza yetmiyor, kabul. Öne gelen yaşanıyor, başa gelen çekiliyor. Ancak çaresizliğin dibine vurduğumuz an, duygusal hattı kaybettiğimiz vakittir.

Evlisinizdir, gönül sesinizi dinlemiş, sevdiğinizle evlenmişsinizdir ve bitmiştir. Sevmiyorsunuzdur, söylemesi zordur, sıkıntılıdır ve fakat durum budur. Çift terapistlerinin evlilik ile çalışırken önündeki en önemli engel duygusal hattaki boşluktur, sevmek, arkadaş olarak değil kadın ve erkek olarak sevmek, terapi odasını aydınlatır.

Bu sevgi kızgın, kırgın, korkak, cılız... nasıl olursa olsun, ışık az çok çıksın yeter.

Yoksa, terapist çaresiz, oda karanlıktır. Ben kişisel olarak buna yapacak bir şey bilmiyorum, bileni de tanımıyorum. Ancak bu noktada ayırt edilmesi gereken ve umut hissedilen yegâne durum, birikmiş öfkelerin, kızgınlıkların, kırgınlıkların gelip duygusal hattın üstünü bastırmış olma ihtimalidir. Duygusal hat güçlüdür, ancak esneyebilirliği zayıf, kırılabilirliği fazladır, kendini korumak için kaçası vardır, karşılık görüp görmediğini itinayla takip eder ve malum en fena huyu güvenilmezliğidir.

Sadeleştirelim: Sevilmiyoruz algısı ve kaygısıyla sevmemeye kodlanırız. "Beni istemeyenle işim olmaz" deriz, kırılırız, küseriz kalbimizi korumaya alırız, öfkeleniriz cezalandırırız, daha niceleri...

Bu senaryoda sıklıkla gündelik hayatın derdi, çözümsüzlük ve restleşme, anlaşılamama, iletişim kuramama hali, duygusal hattın üstüne bastırmıştır. Buraya terapistler hızla ve sevinçle atlar, "yaşasın seviyorlar" pankartı duvara asılır, oda az çok aydınlanır, umutsuzluk odadan tekme tokat atılır, kollar sıvanır ve çalışılmaya başlanır.

Restleşme anlatılır, evliliğin akıl değil duygu-istek oyunu oluşu konuşulur, gündelik hayat kendi içinde bir renge sahip olur. Kadın adama, adam kadına kendini, hayallerini, kırıklığını anlatır ve eğer kaldıysa duygusal hat o vakit ortaya çıkar. Tünelin ucundaki ışık görünmüştür.

Gelelim afili ve cazibeli başlangıç sorusuna: Mutlu evliliğin sırrı var mıdır?

İhtimali artıran, azaltan, yaptıklarımız ve yapmadıklarımız ile evliliğe şekil şemal veren durumlar olduğu gibi bizim dışımızda seyreden durumlar da vardır. Kızın tahtını yapabilme ama bahtını yapamama misali, evliliğin de tahtı, bahtı ve ömrü vardır. Misal;

* Takım olmak iyidir, yan yana olmak, sorunları karşınıza oturtmak, sorunun kaynağının kim olduğunu önemsememek, sorunun evliliğin ortak derdi olduğunu bilmek, becermek iyidir.
* Kadın ve erkek olmanın farkını, farklı olmak ile eşit olmanın birlikte mümkün olduğunu, farkın lezzetini fark etmek iyidir.
* Kadın ve erkek olmanın zaaflarını, hatta lanetini okuya-

bilmek, kadının doymak bilmeyen ilgi talebini, erkeğin akamayan duygularını anlamak, nezaketle karşılamak önemlidir.

* Güven duymanın evliliğin olmazsa olmazı olduğunu kabul etmek lazımdır.
* İletişim kurmanın çok kıymetli olduğu unutulmamalı, sözle, gözle neyle olursa olsun iletişim kurma, anlama ve anlatma macerasından vazgeçilmemelidir.
* Uzlaşamadığımız alan olacağı konusunda uzlaşmak neredeyse şarttır.
* Restleşme bataklığından kaçınmak iyidir.
* Köken aileleri sevmeye, tanımaya çalışmak iyidir, yok olmadı nazik ve ayarlı olmak lazımdır. Bu madde memlekette önemlidir ve daha yukarıda bir yeri hak eder.
* Evliliği akıl-mantık sularından kurtarıp istek-duygu sularına çekin, lezzeti artar, iyidir.
* Özel alan, arka bahçe; adına ne derseniz deyin önemlidir. Evliliğin işgal etmediği alandır ve muhafaza edilmelidir.
* Ortak eş, dost, ahbap evliliğe iyi gelir. Evlilik seyredilerek öğrenilir, bu kısım önemsenmelidir zannımca.
* Çocuksuz zaman geçirmek iyidir, hoştur demeyeceğim mecbur diyeceğim ahali, yok ise mutlu/mutsuz evlilik değil ebeveynlik olur ilişkinin adı.
* Ortak hayaller, uğraşlar, zevkler, malum bildik mevzu... Ancak, hobi zehirlenmesine dikkat, ayarında iyidir.
* Cinsellik ilk üçteki sarsılmaz yerini elbet koruyor, az utanmak, çok istemek iyidir.
* Kavga edebilmek, küsmemek, sınır ihlali yapmamak, psikolojik şiddetten uzak durmak, bunlar herhangi iki insan ilişkisi için önkoşul.
* "Evlilikte ne kadar az biriktirirsen o kadar iyi" denir. Öfke de, muhabbet de biriktikçe acılaşır, müsaade edin aksın, iyi gelir.

* Esneyebilmek ve yeniden yapılanmanın önünü açmak iyidir.
* Kıskançlık bataklığı zor yerdir, karşınızdakine bulaştırmayın, güven hissedilmeyenle evlenilmez.
* İçgörü sahibi olmak, kendini bilmek insana da evliliğe de yakışır. Evliliğinize verdiğiniz zararı bilirsiniz ve bu çok kıymetli bir bilgidir.
* Gönül bağının devamı için cepteki malzemeleri kullanmak gerekli ve önemlidir. Daha çok dokunmak, dinlemek, güzelsin demek, beğeniyorum demek, sarılmak ne varsa kullanmak...

Yaz yaz bitmez, binlerce kere konuşulmuş, yazılmış çizilmiş, yüzü eskimiş ancak cazibesinden hiçbir şey kaybetmemiş bu mevzuda özel olanın daima genel geçerden güçlü olduğunu hep akılda tutmak lazımdır.

Ezcümle: Sizin mutlu evliliğinizin sırrı, ki mutlu evlilik ve sırrı var ise, tüm bunlardan bağımsız hatta aykırı olabilir. Lütfen kendinize itimat edin, gerisi bilgidir, deneyimdir. Her evlilik parmak izi gibidir ve öncelikli sihri buradadır. Öğrenmek kabul, parmak izini kaybetmek, hayır. Kolay gelsin!

Önkoşul: Samimiyet
Strateji: Lütfen olmasın

İnsanın kişisel ve ilişkisel gelişiminin
önündeki engel kendisi ve ilişkisi midir?
Düşünsenize, önde gelen duyguları aidiyet,
kıskançlık ve şehvet olan bir ilişki dünyanın
halen en önemli mevzularından...
Adam ömrünü insanlığa adıyor bilmem ne
mikrobu için, sonra eve geliyor karısıyla
kavga ediyor bluzunun düğmesi açık diye.
Bu sevgililik durumu insanı aşağı
çekiyor zinhar. Muhtemeldir ki insan
canlısının duygusal olarak eşitlendiği,
"Seviyorum abi ne yapayım!" cümlesinin
her kültürde ve coğrafyada ağırlığının
olduğu kadın-erkek ilişkisi,
gücünü gelişmiş oluşundan değil
azgelişmiş oluşundan alıyor.

Doğru, evet yaptım ama sebebi vardı...
Haklısın fakat...
Bak anlatayım hak vereceksin...
Ben olsaydım...

İletişimi mümkün kılmayan başlangıç cümleleri... Doğru iletişim kurabilen kişilerin bu dünyada çözemeyeceği dert yoktur.

Sihirli iletişim mucize vaat ediyor.

21. yüzyılın haz-mutluluk tarikatı, "Evrenden iyiyi iste illa ki olur, iletişimle çözülmeyecek mevzu yoktur" düsturuyla gazladı gidiyor. İletişim terapistlerin dertli ve verimli arazisidir.

Yanlış anlaşılmanın şahikasındaki iletişim, uzlaşmama ihtimalini pas geçip mutlak galibini arıyor. Benim çiftlerden açık ara fark duyduğum ortak replik: Biz iletişim kuramıyoruz, konuşamıyoruz.

Ortak fantezi, iletişim kurmak, uzlaşmak, ortak kaos ise restleşmek. Uzlaşamadığımız alanlar olduğu konusunda uzlaşamaz isek, iletişim kuralım derken tepişir halde buluruz kendimizi, bir nevi kaş yaparken göz çıkarma halidir bu, bilen bilir, çoğumuzun yaşamışlığı vardır.

İletişim en basit tarifiyle, duygu ve düşüncenin karşımızdakine ulaşmasını sağlama halidir. Buraya kadar kabul. Biz anlatıyoruz karşımızdaki anlıyor, o anlatıyor biz anlıyoruz. Şahane.

Macera bundan sonra başlıyor. Konuşma, kendini anlatma performansı arttıkça iletişim kılık değiştiriyor. Anlatırım, öyle şahane anlatırım ki karşımdaki her ne anlatıyorsam onaylar, kabul eder. İşte çiftler arasındaki iletişimde pantomim burada başlıyor. İletişim önce karşılıklı el ense çekmeye, sonra benim aklım seninkinden üstüne ve nihayet restleşmeye evriliyor. Karşımızdakinin ne söylediğini ve ne hissettiğini anlama ihtiyacı duymuyor, anlattıklarımızın anlaşılması ve kabul edilmesi oyununu oynamaya başlıyoruz. Uzlaşamayacağımız alanlar olduğu konusunda uzlaşamazsak günün sonunda bu hikâyenin adına ister restleşme, ister tepişme, ne istersek diyelim ancak iletişim halindeyiz demeyelim lütfen.

Seçenek; uzlaşmama ihtimali var ise karşımızdakini anlamış ve onun tarafından anlaşılmış ve fakat onaylanmamış olarak yola devam ederiz. Konu rafa kaldırılabilirse gündem dışına alınır, yok karar verilmesi gerekiyorsa istek oyunu oynanır, daha çok isteyene uyumlanılır.

Seçenek; uzlaşmama seçeneği yok mutlak uzlaşılacaksa iki yol vardır. İletişimin bütün malzemeleri kullanılacaktır ve kazanmak esastır. Bu durumda sıklıkla eşlerden biri baş edemez ve uymak zorunda kalır. Hatta öyle ki kimliğini kaybeder. Biri anlatır diğeri dinler, biri ister diğeri yapar. Yahut iki cengâver tam gaz restleşir ve haklılık oyunu başlar. İçeriğin ne olduğu önem kaybeder, uzlaşamadıkları neredeyse her alanda restleşirler. Bu, fena halde yaygın bir çift fotoğrafıdır ve sidik yarışının çift terapisindeki afili adıdır.

Bu çok önemli grup, lütfen gönül gözünüzü açın, kelimelerin ve sesinizin büyüsüne kapılmayın; anlatmak başka, anlaşılmak başka, onaylanmak ise bambaşka.

İletişimi kelimelerin derin baskısına teslim ettiğimizde, hikâye en iyisinden akıl oyununa dönüşüyor. Kelimelerin hâkimi, sözcük sihirbazları vardır; iletişimin kitabını yazmış, kurallarını yemiş yutmuşlardır; onlar sıklıkla ne anlattığınızı anlasalar da ne hissettiğinizi anlayamazlar.

İletişim üstatlarını pas geçemedim zira aile içi iletişim hepimizin daha açık, daha ayarsız, daha hesapsız ve daha onaylanan olmayı isteğini hatta ihtiyacını barındırır ve performans alanı haline gelmemelidir. Sonuçta evlilik bir istek ve ihtiyaç oyunudur, akıl oyunu değildir ve çift iletişim sırasında ne kadar duygu, istek aktarırsa o kadar manalı olur. Kastım şudur: Adam diyecek ki, “Bayramda anneme gitmeyince kendimi kötü hissediyorum, gidelim.”

Kadın bu noktada duyguyu görür (suçluluk, üzülme), anlar yahut anlamaz ancak kabul eder ve isteğe yoğunlaşırsa bunun adı lokum kıvamında ilişkidir. Duyguyu konuşmak, elden geçirmek, dönüştürmeye çalışmak hepsi kabul ancak maharetli iletişerek duyguyu, isteği çürütürseniz, gelecekteki duygu, istek aktarımlarının önünü kesmiş olursunuz.

Bir kadın ve adamın birbirleriyle iletişimi ve bu iletişimden beklentileri dış dünyayla kurduklarından epey farklıdır. Doğru ve gerçek arasında makasın açıldığı hallerde iletişim, derin bir sezgiyi ve karşımızdakini anlamayı gerektirir.

Misal, kadına ait doğru, "Anneye bayramda gidilmeyince kötü hissedilmez" ile adama ait gerçek, "Anneye bayramda gitmeyince kötü hissedilir" arasında kapışma başlar.

Bunu istediğiniz alana yayın: hangi filme gidilecek, nerede tatil yapılacak, ne yenilecek... Bu oyun baskın olanın kazandığı maça dönerse, ki bu sık olur, gerçekte maçın kazananı olmaz.

Yeni çağ bize iletişimle ilgili paket bilgiyi verdi; nasıl oturulur, ses nasıl kullanılır, konuşurken karşıdakinin gözünün bebeği nasıl işgal edilir...

Hepsi yazılı çizili artık.

Bir zamanlar ne söylediğin önemliydi, sonra muhtelif ve sıklıkla kimliği belirsiz araştırmalar gösterdi ki, ne değil, nasıl söylediğin önemli ve macera başladı. Elbet nasıl söylediğin önemli ama ne söylediğin de, nasıl dinlediğin, ne anladığın da; hepsi kıymetli.

Şu fani dünyada anlaşılmak istiyoruz, anlaşılmak ve beğenilmek, beğenilmek ve onaylanmak istiyoruz, kabul. İtirazım o şahane çeşitliliğimizin kısırlaşması üzerine. İnsanın varlığını, kimliğini, sahiciliğini elleyen bilgi tehlikelidir, gücünüz yetmezse ele geçirir, aynılaştırır. İletişimin elbet doğrusu eğrisi, olanı olmayanı, akım derken batıranı, zayıfı güçlüsü var ve elbet öğrenmeliyiz, hepsi kabul. Hani şu meşhur kendine güven denen hikâye var ya, o bu mevzuda güncellenir, kendi benliğiyle tanış olanlar, iyisiyle kötüsüyle kendini kabul edenler iletişirler, korkmazlar. O bazen köylü Hatçe teyze, bazen aksanı ve dokunan yanıyla Sakıp ağa, bazen kekeleyen Birand, bazense gözlerini kaçıran Türkan Sultan'dır. Hepsi kendi kıvamında memleket ile iletişmişlerdir ve sihirleri kendilerini kabul edişlerinden geçer.

O vakit önkoşul benliğinize sahip çıkmak, sonra dükkân sizin ne isterseniz yapın, okuyun, öğrenin, kendinize ait yol yöntemle anlattıklarınız karşınızdakine ulaşır.

Nasıl anlattığımız önemliydi, kabul ancak ne anlattığımız da mevzuyu belirliyor. Eğer kendi duygumuzu, isteğimizi, kırgınlığımızı, kızgınlığımızı ne var ne yok anlatıyorsak şahane. Yani üzüldüm, kızdım, sevindim diyorsak başka, beni üzdün, kırdın diyorsak başka. Adamın-kadının yaptığına sahiden üzülmüşsünüzdür, hiç itirazım yok ancak onun ne yaptığını anlatmak durum tespitidir, iletişmek dediğimizde bu durumun bizdeki yansımasını anlatacağız.

Usul bize ait, samimiyet önkoşul, strateji lütfen olmasın.

Son söz âdettendir. Önce, en önce kendimizle iletişmeyi, dünyayla iletişebileceğimize itimat etmeyi ve fakat iletişim becerilerimizin evrilmesine müsaade etmeyi, dinlemeyi, söz sırası gelme hevesi olmadan da sahici dinlemeyi, ikna olmayı-olmamayı, itiraz etmeyi, anlamayı, anlayışlı olmayı, istemenin derinliğini ve önemini, kendini yok sayanın iflah olmayacağını, insanın insana iyi geldiğini fark etmemizi dilerim.

Evlilik aşkı öldürür mü?

Evet, mutlaka; aşk zaten ölür. Hatta aşk ölmeden evlenmeyin, konuştuk ya ey ahali. Eskiden farklıydı. Şimdi o vakitler geçti, kavuşamazsak adresi değiştiriyoruz tamam oluyor. Âşık olunan artık aşkın kendisi, o eskinin ölümsüz aşkları artık birbirine aşkım diye seslenen karikatür çiftlere yahut aşktan aşka koşan ve her defasında aynı hevese sahip daimi yalnızlara mahsus.

Tarifi zor ve pek çeşitli olan bu duygu, ömründen derinliğine, karşılıklı oluşundan umutsuz sevdalara, kimyasından fiziğine, enine boyuna elden geçirilmiştir ve geçirilmektedir. Hatta bir ara mevzu öyle ayar kaçırdı ki çiçeğe, böceğe duyulan aşk konuşulur oldu. Şu fani ömrümde gördüğüm kadarıyla, ister magazinel ister entelektüel açıdan bakılsın, utanç vericidir ki, hiçbir durum yahut dram aşkın iktidarını sarsamamıştır.

Şimdiki mevzumuz aşk ve evlilik arasındaki düşmanca ilişki. Biri varken öbürü gidiyor, biri olmadan öbürü olunca işin zevki kaçıyor, bulamaç gibi. Aşkın ne menem bir duygu olduğunu kısa bir hatırlayalım. Gürültülü, o olmadan yaşanamayan, şehvetli, kaybetme korkusundan üç buçuk atılan ve fena halde "Dünyaya çalımımı attım, öteki yarımı buldum, kim tutar beni" günleri nihayet başlamıştır ve âşıkların emin oldukları durum bunun diğer aşklardan farklı olduğu, sonsuzluğa intikal edeceğidir.

Ben hiçbir âşık tanımıyorum ki, âşık olduğu vakit –bu beşinci sefer olabilir yani bitebilir'le tanışılmıştır– aşka bir [illegible]içsin. Dili biçse de gönlü biçemez, biçerse zaten adı [illegible]il demektir. Konunun bulaşıcılığı, cazibesi, ne derseniz deyin iri laflar ettiriyor, baksanıza duruma...

Aşk başka evlilik başka, bizim mevzu bu.

Bu bir durum, devrilme, evrilme gerektiriyor ve fakat gerçek budur, ıstırap burada başlar. Ne ruh ne beden o daimi âşık hale dayanabilir, yorgun düşer. Aşk müptelaları tam da bu noktada yol ayrımına gelir.

Seçenek: Bu aşk bitmiştir, ömrü yetmemiştir garibin, yenisi bulunacaktır!

Seçenek: Aşk nereye kadardır, aşktan vazgeçilecek, olgunlaşılacaktır.

Seçenek: Aşk yine ve yeniden bitmiştir, artık bu durumu depresyon paklamaktadır.

Aşka âşık olma durumunun muhtemel final cümleleri; umudunu kaybetmeyen yahut kaybeden...

Bu durumun sosyolojisi bizi aşar ancak aşkın, daimi aşkın, hayatın anlamı olduğu üzerine inşa edilmiş bir endüstrinin var olduğunu söylemek çok mümkün.

Filmlerdeki aşklar eğer yanlış insana âşık olunmadı, gönül yanlışa konmadı ise bitmiyor. Velev ki kondu, doğru aşk bulunuyor ve sonsuza kadar âşık yaşanıyor. Televizyon dizileri işi daha o kadar ilerletemedi, onlar kavuşamayan âşıklarla idare ediyorlar.

Aslına bakarsanız pek güzel, pek naif ve gösterişten uzak, âşık ile maşuk arasındaki bu benzersiz duygu sağdan soldan çekiştirile çekiştirile ucubeye döndü. Güzel oluşunun, benzersiz oluşunun bitebilirliğinin olduğunu unuttuk.

Aşkın önündeki yollar muhtelif:

* Biter
* Yenisi aranır
* İlişkiye evrilir

Bu bir valiz kelamı, ilişkiye evrilen aşkı anlatmak için söyledik, eyvallah.

Meşhur aşkın inmeye, azalmaya, dönüşmeye başladığı an, karşınızdakini basbayağı yeni tanımaya başladığınız vakittir. Âşık olduğunuz şahsiyet insanlaşır, görmeye, duymaya başlarsınız. Sizin mahzun âşık adam, enikonu suskundur, gözünüzün içine bakan âşık kadın ise kontrol üstadı çıkmıştır ve fakat gönüller tıkırdamaya devam etmektedir, elbet farklı tonda.

Bu, aşkın "Bırakma beni, ey öteki yarım, hadi gel yola devam edelim, gönlüm seni ister" halidir, vazgeçesiniz yoktur fakat bu yeni duygu yabancıdır ve adı aşk değildir.

Şunu karıştırmayalım, biten ve gönlü sessizliğe gömen aşk başka bir şeydir ve vardır. Aşk bitmiştir, yası tutulur ve unutulur, değişmez, dönüşmez, biter.

Anılardaki yerini alır, hızlı yaşamış genç ölmüş, fiyakalı mefta, artık roman kahramanı olarak hayatımızdaki yerini alacaktır.

Burada, bitemeyen, önce devrilen, sonra ilişkiye, evliliğe evrilen aşk bahsimiz. Âşıkken evlenmek, eğer şuurlu yaptığınız bir hal ise kabul, "Aşkımızın son vakitlerini evliyken yaşayalım anımız olur, belki paralanmadan bir kısmını ayırır ihtiyaç olunca kullanırız, sıkışık vakitlerimizin ilacı olur" diyorsanız ne zaman isterseniz evlenin. Ancak ömürlük aşk için evleniyorsanız, evlilik günün sonunda filmin kötü kahramanı olacaktır, âşıkları ayıracak ve filme kendisi kurulacaktır.

Evlilik diyorum, hani aynı evde yaşanan, aynı yatakta yatılan, aynı masada yenilen, bilinmezlikleri azalan, aynılığı artan, heyecanı az aynılığı çok ilişki, asırlardır aslanlar gibi kurumsal birinciliği kimselere kaptırmayan evlilik.

Aşktan sonra en iyimser tarif bu. Ve fakat zannımca aşk, ne kadar yüzeydeyse evlilik o kadar derinde olma hayaline oynar, ki yüzyıllardır süregiden varlığını da, onca hayal kırıklığına rağmen devam etme hırsını da bundan alır. Kabul, pek az evlilik insanın o derindeki yalnızlığına yaklaşır, pek az insan sahiden evlenir, pek az insan kendini ötekine (eşe) emanet edebilir. Zor iş, çok emek lazım. Talihin de olmalı, yolun yönün benzemeli, benzemediyse kabulün olmalı, için sızlamalı, kavga etmeli, gönül kırıklığın geçivermeli, kimsenin kimsenin cebinde olmadığı, insana en iyi gelen arazinin gönül olduğu, üzülmenin lazım olduğu, iyi ve kötünün ne olduğu bilinmeli.

Tarihlerinde, öykülerinde birbirine âşık bir kadın ve adamın evliliği benim en doğru ve en zor bulduğum evlilik şekli. Bir vakit âşık olduğunuz insanla evlenmek kıymetli, zorlu. Aşk bırakıp gittikten sonra onu eğrisiyle doğrusuyla hâlâ ister olmak fena halde kıymetli.

Âşıkken değil ama âşık olduğumuz, âşık halini de insan halini de bildiğimiz biriyle evlenmek iyidir.

Duyguların şahikası aşkla tanışılmış, kaybedilmiş, şaşkınlaşılmış ve adına sevgi dedikleri yeni duyguyla tanışılmaktadır. Aşk öyle kendiliğinden gelmiştir, uğraşmadan öylesine olmuştur, sevgi ise 'emek isterim' pankartıyla dolaşmaktadır ve "Seni öyle kolayca bırakmam, korkma" demektedir. Aşk önce kendini devirip sonra evrilerek sevgiye döndüğünde macera yeni başlamaktadır ahali. Kabul, fena halde beylik ancak sevgi sahiden emek ister, hem de zorlusundan...

Dilerim âşık olduğunuz insanla evlenirsiniz.

Dilerim aşkı kaybetmenin insan öyküsünün bir paragrafı olduğunu, duygunun da insanın kendisi gibi evrildiğini, iyi yahut kötü dönüştüğünü, sevebilme ihtimalinin aşkın vefasızlığı yanında çok kıymetli olduğunu, evliliğin ömrünün aşktan bağımsız olduğunu ve fakat bir ömrü olduğunu, insanın insana iyi geldiğini ve bunun zor mevzu olduğunu öğreniriz.

Senin annen/benim annem!

Memlekette kayınvalide/gelin mevzusu ayrıca yazılmayı hak eder. Alt kültür bilgisi bir yandan genç kadını vahşi gelin hanıma döndürürken, diğer tarafta anne, kayınvalide/kaynana/valide sultan dönüşümünü tamamlamaktadır. Kayınvalide sorunsalının şaşırtıcı yanı zamandan, mekândan, sosyo-kültürden, paradan puldan, ne var ne yok her şeyden bağımsız oluşudur.

Orta ikiden terk bir genç kadın ile Amerika'da tahsil yapmış bir genç kadının ortak paydasıdır bu mevzu.

Malum coğrafyanın aile fotoğrafının merkezinde çocuklar oturur. Ne vakit anne olunur, koca karşıya itilir ve çocuklarla saf tutulur. Alan memnun veren memnun olur ve kayınvalide mevzusunun tohumları tam da bu vakitlerde atılmaya başlar.

Kız çocuk, zaten annesinin çektiklerini görmüş, fedakârlığın altında ezilmiş, erkek cinsine karşı şimdiden gardını almıştır. Oğlan çocuk ise bütün zayıf algısına, umursamazlığına rağmen başrolü kapmıştır. Kocadan alınamayan ilgi, fena halde sevilmek, gözünün içine bakılmak, sözünden çıkılmamak... Ne var ne yok istekler paketlenir ve günün birinde oğlandan tahsil edilmek üzere rafa kaldırılır.

Koca, annesinin etkisinden kurtulamamıştır. O vakit tarih tekerrür edecektir ve annesinden kurtarılamıyorsa bağımlı hale getirilecektir.

İşin özeti de, dramı da budur. Şimdi buraya kadar şaşırtıcı bir durum yok. Anne, kocadan yana ne kadar hayal kırıklığı varsa hepsini çevirip oğula yüklemiştir. Beklenti gani, fedakârlık gani oyunu oynanır, hikâye tamamdır.

Mutsuz ve fakat çocukları için saçını süpürge eden anneyle büyüyüp onu kurtaracak oğul... Yeni jenerasyona pek de tanıdık gelmeyen bu durum, şimdilerdeki yetişkin grubun iyi bildiği bir mevzudur. Annenin mutlu edilmekle ilgili ertelenmiş ihtiyaçları oğul tarafından karşılanacaktır. Bu yazılı-çizili olmayan ve hayırlı evlat olmanın önkoşulu zamanı gelince test edilecektir.

Oğlan büyüyüp adam olduğunda, evi barkı, memleketi ayırdığında, Amerikalara gittiğinde anne pek üzülür, bolca özler. Oğlan, haftada bir aramaya başladığında ise önce söylenir, sonra alışır, "Şimdiki gençler" der, geçer. Vakit gelmemiştir.

Baba ise bu hikâyenin neredeyse figüranıdır. Ya hayırsızdır ya beceriksiz yahut en iyisinden korkulandır. Babalar ve oğulların hikâyesinin önündeki engel, bir yandan erkeklerin kâbusu olan duygularını göstermekteki beceriksizlik, diğer yandan annenin mutsuzluğu ve sebebi olarak tariflenenin baba oluşundandır. Hayat performansı, sahip olduğu iktidar üzerinden okunan erkeğin bir başka erkekle ilişkisi, ister baba-oğul, ister arkadaş, rekabet- iktidar mücadelesinin baskısıyla heder olur gider. Yıllar sonra kurulan, şaşkınlıkla tanışılan pek çok baba-oğul ilişkisi yaşanmıştır bu memlekette. Oysa her oğul, az çok babasının izini taşır; hayatta nelerin yapılmayacağını, başarmanın baskısını, başaramamanın ıstırabını, aslında fena halde sevildiğini, hepsini babasının gözlerinden okur. Bu babalar şimdilerde 30'larında, 40'larında, 50'lerinde olan adamların babalarıdır ve oğulları onlarla ya çok geç tanışmıştır yahut tanışamamıştır.

Annenin oğluyla ilişkisi, başka bir annenin yetiştirdiği bir genç kadın hikâyeye eklenene dek iki ileri bir geri gider. Oğlan dünyaya açılmış, anneyle olan ilişkisinin yükünü hafifletmiş, haftada bir açtığı telefonla durumu idare etmektedir. Annenin "Aramıyorsun oğlum!" şikâyeti, "Çok çalışıyorum"la geri püskürtülür. Annenin de çok dert ettiği yoktur zaten. Derken bir gün oğul evlenir, ayrılık vakti gelmiştir. Oğlunun evlenmesini, çoluğa çocuğa karışmasını, evinin barkının belli olmasını, mutlu mesut yaşamasını istemeyen anne tanımışlığım yoktur. Anneler oğullarını verirken kederli ve sevinçlidir. Kaybetmekten korkarlar ve nihayetinde her kadın, bir diğer kadının, bir adam üzerindeki gücünü bilir.

Bu coğrafyada doğan her kız çocuğu, muhtemel kayınvalidesi ve onun oğlu, kendisinin muhtemel kocası olacak adam konusunda ezberlere sahiptir. Her Türk kadını kayınvalide sorunsalına az çok hâkimdir ve içinde bir yerlerde eli belinde gelin hanım beklemektedir.

Ortada bir adam, bir yanında ona yıllarını vermiş anne, diğer yanında geleceğini tarifleyecek eş. Kim ne der bilmem, ancak zannımca memlekette evliliklerin açık ara en önemli derdi budur. Yahut bu bataklığa girmeden yola devam eden pek az çift vardır. Anasına çok düşkün fısıltısıyla mimlenen damat, "Bu kız, oğlanı bizden koparacak" kaygısıyla huysuzlaşan anne, "Her şeye annesi mi karar verecek!" hırçınlığındaki gelin hanım bu senaryoyu yıllar boyu oynayabilir. Kızını yeterince iyi yetiştirememiş olmakla suçlanan kız anası senaryoya eklendiğinde dörtlü tamamlanır. "Senin annen/benim annem" isimli ve memlekette çok iyi bilinen oyun başlamıştır. Damat bey sıklıkla çabuk pes eder, kendi kayınvalidesini sessizce sever, gelin hanım ve kayınvalidesi ise dirençlidir.

Gelin hanım, evlenmeden önce annesini haftada bir arayan, oflayan, "Annem de çok konuşuyor, her şeye karışıyor" diye şikâyetçi olan eski sevgili yeni koca tarafından kandırıldığını düşünürken, damat bey önce kendi duygusuna şaşırır, annesini arayası vardır, annesi üzülmektedir, kendisini yıllar sonra anneyi terk etmiş hissetmektedir.

Freud'un bir ömür verdiği bu mevzu anlatmakla bitmez, benden size naçizane öneri: Bu bataklıktan kaçmaya çalışın, annesiyle derin ilişki kurabilmiş adamların karılarıyla da ilişki kurabilme becerisini cebinize koyun ve kocanızı, kayınvalidenizle olan ilişkinizin ortasından çıkarın.

Bunun için de;

* Saygılı olun.
* Yeni aile modelini tanıyın, dilini öğrenin.
* Kocanızı devre dışı bırakın.
* Kayınvalidenizle ayrı iki kadın ahbaplığı ilişkisi kurun.
* Çocuklarınızın babaannesiyle ilişkisinden elinizi eteğinizi çekin.
* Tut ki olmadı, mayanız tutmadıysa saygılı olun kâfidir.

Benim bu mevzuda ezel evvel kayınvalidelere torpil geçesim vardır. Şimdilerde "Kayınvalide olma vaktin yaklaşıyor, ondandır" diyen çıkar diye söylüyorum, gençlik yıllarımda da böyleydim.

Ömrünü, hayallerini, yaşanmamış hayatı oğula yatıran kadına ne diyeyim şimdi. Gelini sevmeye çalışmak lazım, genç olduğunu unutmamak, ahbap olmaya çalışmak, övmeyi bilmek lazım...

Ancak asıl mevzu, çocuğundan başka hayalleri ve hayatı olmalı insanın, işte o zaman serbest bırakıp sevebilmeyi becerir, yarının kayınvalideleri lafım size, bana.

Dilerim hatta ısrar ederim, ne kendinizi ne evliliğinizi memleketin bu ezberine mahkûm edin, geçinmeye gönlünüz olsun, gerisi gelir.

İnsan neden aldatır?

Zor soru. Aldatılma, nerede ne şekilde olursa olsun, sevilen yahut sevilmeyen, hatta kurtulunsa iyi olacak olan tarafından yapılsın, fark etmez, üzer, yetersiz hissettirir, kızdırır. Aldatmanın sözlük anlamı; beklenmedik bir davranışla yanıltmak, birine verilen sözü tutmamak, yalan söylemek, sadakatsizlik etmek, oyalamaktır...

İnsanı en derinden yaralayan aldatılma, eş tarafından yapılandır. Arkadaşınız, çocuğunuzun, ortağınızın, her kimin olursa olsun aldatışı, eş aldatışının kederi ve öfkesiyle mukayese edilemez. Aldatılmak duygusal, ilgisel yahut cinsel, farklı derecelerde ama mutlaka acı verir. Aldatan sevilse de sevilmese de, yaşatacağı acı derindir!

İstatistiklere göre, dünyanın her yanında ilk boşanma nedeni aldatma... Çocuk ve eş kaybından sonra en çok yas, aldatılma nedeniyle tutuluyor.

Filmi sondan seyredelim. Hikâyenin finalinde aldatılan, önce sert bir öfke, sonra derin bir keder ve nihayet yetersizlik duygusuyla baş başa kalır. Sizi aldatan sevdiğiniz, iyi kötü yola devam ettiğiniz, umudunuzun tükenmediği, hayatınızın esas oyuncusuysa kederi anlamak hatta hissetmek mümkün. Anlaşılması güç olan hal ise aldatan, aynı zamanda sevilmeyen, istenmeyen, beğenilmeyen olduğu vakit aldatılanın hissettiği keder...

Peki neden bir adam ya da bir kadının başkasını sevmesi, başkasıyla sevişmesi bunca keder veren bir meseledir? Buradaki kederin esas oyuncusu kimdir? Biz mi karşımızdaki mi?

Eşi tarafından aldatılmış pek çok insan tanıdım. Hemen hepsi kızgın, hemen hepsi kırgındı. Ancak çok azı ilişkisinin yasını tutuyordu. Uğruna kendimizi heba ettiğimiz ve heba olmuş ilişkinin değil kendimizin yasıdır yaşadığımız.

Hangisi daha üzücü? Sevilenin aldatışı mı yoksa sevilmeyeninki mi?

Zor soru. Birinde ilişkidir yası tutulan, diğerinde kendimiz. Birinde ihanet ilişkiyedir. Diğerinde ihanet, kişinin kendine yaptığının altında eziliverir.

Adamı ya da kadını sevmeyin, dayanın!

Ne için?

Çoluk çocuk için, hiç olmazsa gözü dışarıda olmadığı için! O da yalan olsun tüm hayat gibi. Kumdan kale misali tarumar oluyor ortalık. "Benimki" hızla gündemdeki yerini alıyor, sizin olan alınmış ve kullanılmıştır. Önce sizin olana değil, kullanıcıya olan kızgınlık gündemi doldurur, sonra asıl adrese sıra gelir. Kızılır, ağlanır, niye bunca keder hissedildiği sorgulanır, sevilmeyenin aldatışı sevileninkinden ağırdır ve bunu fark etmek daha da ağırdır.

Sevilmeyen için ödenen kendini bu ilişkiye mahkûm etme durumu ağır yüktür ve beklentisi mutlak sadakattir. Kime kızıldığı belli değildir, aldatana mı, kendine mi, hayata mı?

Ne yapılacağı hiç belli değildir, kumdan kale yıkılmıştır, zor hikâyedir bu. Finalde boşanılsa da devam edilse de zordur. Evlilik de mağduriyetin kendini göstermeyi çok sevdiği vakitlerdir. Eskinin aldatılanı yeninin mağduru haline gelir ve mağduriyetin gücünü kullanır ve bir de severse aldatan, ömürlük bedel ödemeye hazır olmalıdır. Bu hikâyeyi mağduriyet sularından çıkarmadan yol almak mümkün olmaz. Kontratı ihlal eden, namıdiğer aldatan, önce yaraları sarmalı. Sonraysa çift evliliği sürdürme karar ve isteğindeyse, ister eskisi gibi kenarından devam eder ister yeniden yapılanır, keyfi bilir.

Hepsi olur, bir tek aldatanın daimi zanlı, aldatılanın daimi mağdur olduğu resim olmaz, olursa da adı evlilik değil işkence olur, "Dayanamıyorum artık!" olur, hem kendine hem aldatana verilen ömür boyu hapis olur ki, yazık olur!

Öte yandan sevdiğinizin ihanetinde bakılan yer ilişki, görünen manzara muhtelif; kaza kurşunu, ergen eş, dostluğun güvenli sularına demir almış ilişki, hayat elden gidiyor kaygısı ve daha neler neler...

Buradaki hikâye sıklıkla, duygusal tonlaması olmayan erotik maceradır, kontrat ihlalidir, aldatan üç buçuk atmaktadır, pişmanlığın romanı yazılır, kaybetme korkusu öyle hal alır ki aldatılan kendini bırakıp aldatanı teskin etmeye çalışır.

Kaza kurşunu isabet etmiştir ve önce aldatan yarayı iyileştirecek sonra evlilik elden geçirilecektir. Burada hikâye daha kolay, bir kere kale kumdan değil. "Ya tamam ya devam" kararı elbet çifte aittir, karar devam ise, –ki zemini sağlam ve evlenebilmiş çiftlerlerdir bunlar– devam edebilmelerini dilerim, o vakit önce bu kaza kurşunu çıkarılır, yas yaşanır, sonra gerekirse evliliğe bakılır.

Aslına bakarsanız aldatma, çift terapisinin ve terapistinin en verimsiz ve çaresiz alanıdır. Aldatma, aldatan, aldatılan bataklığında takılıp kalırsanız, –ki çıkması zordur– debelenir durursunuz. Acının geçmesi, yasın bitmesi ve evliliğin bu vesileyle –vesile kötü de olsa– elden geçmesi lazımdır.

Ben aldatmayı yazmayı da, acısı hafiflemeden görmeyi de sevmem. Ancak bu derde düşen çiftlerin takılıp kalma, daimi zanlı ile daimi mağdur haline dönüşme, kaza kurşunuyla yaralanıp iyileşebilecekken ölüp gitme halini çok görmüşlüğüm vardır. O yüzden çift terapisine başvurmanın ön sıralarında yer alan aldatma-aldatılma pas geçilmemelidir.

Tüm bunları düşünüyorken, bir dostum dedi ki: "Aldatılanı anlatıp duracağına şu aldatanı saklandığı dehlizden çıkarsana. İnsan niye aldatır ki?"

Yalnızlığından mı, yetersizliğinden mi, doyumsuzluğundan mı, kızgınlığından mı, mahalle baskısından mı yoksa bitemeyen ergenliğinden mi?

Aldatanın bazısı kendisini muzaffer bir kumandan gibi hissederken bazısı ezildikçe eziliyor. Peki, ne hissettiğin yaptığını hafifletir mi yoksa önemi yok mudur? Misal âşık olmak ile erotik macera aynı potada değil midir? Yoksa aldatma aldatmadır ve konu bitmiş midir?

Profesyonel zamparaları bir kenara koyarsak –ki onlar en az ilgi çekici olanlardır– aldatanın işi zordur. Ya âşıktır ya âşık olunandır yahut Oscar Wilde'ın dediği gibi, "Evlilik iki kişinin taşıyamayacağı kadar ağırlaşmıştır ve taşımak için en az üç kişi gerekir."

Hepsi lafıgüzaf... Aldatan bir bok yemiştir ve bunu taşımalıdır. Gerekçelendirmeden, hafifletmeden, olanca ağırlığıyla taşımalıdır. Yakışan budur.

Profesyonel zamparalar, çapkınlar, daimi ergenler için aldatmak hayatın parçası, durmayan hormon baskısı, erkekliğin raconu, mahalle baskısı, erkek adam aldatır durumu, gençliğimi yaşayamadım mevzusu... Böyle uzar gider.

Burası erkeklerin at koşturduğu, kadın aldatmalarının epey nadir olduğu bir alandır ve ilgi çekici değildir. Elbet hayatını istediğin derinlik-yüzeysellik, tek eşli-çok eşli yaşama ve bunu seçme hakkı bakidir. Ancak evlilik böyle bir hikâye değildir ve verdikleri, aldıkları vardır.

Böyle adamların, evlenmeme ihtimalini de iyice düşünmelerini öneririm, fena bir seçenek değildir, hem böylece kendilerini de aldatmamış olurlar.

Bir de acemi zamparalar vardır ki onlara yazıktır, iyidir hoşturlar; ya gaza gelmişlerdir ya şeytan doldurmuştur. Yaptıklarının ve yaşadıklarının sorumluluğunu alıp yaraları sarmalıdırlar.

Âşık olmak ise ister evli ister bekâr; zaten kontrol dışıdır. Evliyken âşık olduysanız başınız beladadır, sahip olduklarınız ile yaşayacağınızı düşündüklerinizi teraziye koyarsınız. "Allah kurtarsın" denecek durumdur bu. Aşkın geçiciliğini, aşk ile şehvetin kapı komşuluğunu akılda ve gönülde tutmanızı dilerim.

Gelelim Oscar Wilde ustaya. "Bazen evlilik iki kişinin taşıyamayacağı kadar ağırlaşmıştır ve taşımak için en az üç kişi gerekir" der ya, burada aldatma merkezine evliliği koymuştur ve evlilik bir diğer ilişkinin desteğiyle taşınmaktadır. Bu baston ilişki tarifidir ve çift terapistlerinin sık karşılaştığı bir durumdur. Üstat diyor ki evlilik zorda; devam edesi var ancak ağırlaşmış, lezzetsizleşmiş, taşımak zorlaşmış, tam da bu noktada eşlerden biri gidemiyor da kalamıyor da, bastondan destek alıyor. Baston ile ayakta tutulan evlilikte, kulağa tatsız gelse de, evlilik dışı ilişki evliliğe hizmet için vardır ve evlilik biterse o da biter, zira varoluş gerekçesi ortadan kalkmıştır.

Aldatanın hikâyesi, "Eşimi çok seviyorum ama duygusal olarak çok yalnızdım. Benimle ilgilenmiyor, her şeyi çocuklar oldu, konuşmaya ihtiyacım var" lakırdısıyla uzar gider. Öğrenildiği an itibariyle evlilik dışı ilişki biter, görevini yerine getirmiştir. Hızla ve birlikte evliliğe bakılır. Zira aldatılan da aldatan kadar evliliğin ağırlığının farkındadır. Kızgınlık hızlı atlatılır, evliliğe yatırım lazım, "Çok fazla cepten yemişiz" denir ve birbirinin kıymeti hatırlanır. Kızmayın ey ahali, mayın tarlasını anlatıyoruz, evlilik bu sağı solu belli olmaz.

Bir dipnot da cinslerin, aldatma ve aldatılma hikâyesindeki epey farklı tutumlarına gelsin. Dünyanın her yerinde kadının kocayı aldatması sıklık olarak daha azdır ve içerik olarak, duygusal taleplerin karşılanması önceliklidir.

Ve aldatan kadının boşanma talebi, aldatan erkeğe göre daha yüksektir. Aldatılan erkeğin duygusu ise ister öğretilmiş ister varoluşsal, daha zor iyileşir.

Geldik son söze... İnsan bu, ham, yoldan da çıkar, yola da girer, doğru da yapar eğri de. Asıl olan, önce yaptıklarımızı sırtımızda taşımak, sonra yaraladığımız gönlü iyi etmeye gayret etmektir. Yakışanı budur.

Boşanmak zordur, kabul edin!

> Elinizdeki tek alet bir çekiçse,
> her problemi bir çivi olarak
> görmeye başlarsınız.
>
> Maslow

İnsan canlısının hayatla nasıl baş ettiği mevzusu, onu olduğu kişi yapıyor.
Kim olduğunuz elinizdeki aletlerle kapı komşusu. Tek baş etme malzemesi ister gelişkin ister regresif, gün sonunda fenadır. En gelişmiş baş etme mekanizması mizah ve elinizde başka bir şey yoksa en iyisinden ciddiye alınmazsınız.
Yahut çekiciniz küsmekse alıngan tavuk gibi dolanır durursunuz.
Malzemeyi çeşitlemek lazım.

Bir toplantıdayım, gençler var, kimi âşık kimi âşık olma arzusunda, kimininse hayali başka sularda. Muhtemel evli olan yok. Mevzu, ilişki/evlilik. Bildik ve fakat esrarlı mevzu. Nasıl başlasam?

"Günün birinde evlenmeyi düşüneniz var mı?"

Salonun neredeyse yarısı bol fısıltı, kararınca uğultuyla el kaldırdı.

"Günün birinde boşanmayı düşüneniniz var mı?"

Salona sessizlik hâkim oldu.

Biz o gün evir çevir ilişki konuştuk. Lakin o günden benim zihnimde yapışıp kalan boşanmanın o cıvıltılı toplulukta yarattığı sessizlik oldu. Kim olursanız olun, kimden boşanıyor olursanız olun, boşanma hemen daima keder barındırır. Bu keder öyle yüklüdür ki boşanmanın ardından yaşanan yas ölümden sonraki ikinci sırayı alıyor. Boşanma bir kayıptır; evliliğimizi, eşliğimizi, çekirdek ailemizi kaybederiz ve yas yaşarız. Yas yok saymayı, öfkelenmeyi, depresif duyguları içerir. Bu iyi senaryodur ve günün sonunda hesap kapanır ve yeni bir hayat kurarız. Kötü senaryo ise takılıp kalmaktır ve müdahale edilmelidir.

Boşanmanın süreci ve sonrası epey farklı seyreder, bir nevi karşıdakine bakma ve suçlama hikâyesidir ve insan, öfkesini boşaltmak, hayatın adaletiyle ilgili felsefe yapmakta takılıp kalmazsa hayatın ders verdiği vakitlerdendir... Boşanmanın sonucu ise insanın kendisi ve yaşadığı hayatla ilgili muhakemesinin artacağı, yeniden yapılanacağı, evinin barkının, eşinin dostunun elden geçeceği, kendini yeniden tanıyacağı vakitleri içerir. Bu vakitleri bazısı eski eşe bakıp, onun arızası üzerinden okur ve kendine dair en iyisinden, "Hatasızım demiyorum, benim de hatalarım olmuştur elbet" der ve kıymetli bir öğretiyi pas geçer.

Eş olarak kimsiniz, niye evlendiniz, yaşananlarda sizin rolünüz nedir, niye boşanıyorsunuz?

Bunlar kıymetli sorulardır ve cevapları önümüzdeki hayatı nasıl yaşayacağımızın belirleyicilerindendir. Kalan hayat bu yanıtları alamazsa muhtemeldir ki değişen eş, aynı kalan senaryo oyunu oynanır. Eşinizin ismi, cismi değişmiştir, evlilik senaryonuz aynı kalmıştır.

Eric Berne'in hayat senaryosunu tarifinden bahsedelim: Hepimizin bir hayat senaryosu vardır, bu senaryonun esas oyuncuları, yardımcı oyuncuları, figüranları, müziği, efekti, dekoru vardır; kimi zaman kendimizi sahne, dekor, müzik ve karşımızdaki esas oyuncu değişmiş ama aynı senaryoyu oynarken buluruz.

"Ne kadersiz kadınmışım ben, adam yine sorumsuz" çıktı, "Tüm kadınlar evlendikten sonra birbirine benziyor" replikleri havada uçuşur.

Oysa sizin yazıp çizdiğiniz, nasıl oynandığını ezbere bildiğiniz senaryo yeni eşle sahnelenmektedir. Boşanma kendimizle ilgili bilgi vermeli bize, arızalarımız, olmazsa olmazlarımız, iyimiz-kötümüz ne var ne yok fark edebilmenin fırsatıdır ve kıymetlidir.

Boşanmanın ardından kendine dönmek, içinden çıktığımız ilişkideki rolümüzü sorgulamaktır bahsedilen, yapamaz isek hayat akar biz aynı senaryoyu yaşar dururuz. Misal, ilişkide mağduriyetten beslenen biri iseniz ve kendinizle ilgili farkındalığınız düşükse yine mağdur edeni bulursunuz. Yahut pasif agresifsinizdir; söylenirsiniz, ertelersiniz, unutursunuz o vakit yine gider aktif agresif birini bulursunuz. Ya da "Yoruldum karar vermekten, karşımdaki hayatı yönetemiyor" diye boşanır, yöneteceğiniz yeni bir adresle evlenirsiniz. Hayatınızın esas oyuncusu değişir, senaryonuz aynı kalır.

Peki, insanlar niçin boşanır?

Kırıcı kavgalar, duygusuzca sarf edilmiş sözler, konuşamamak, aldatılmak, aldatmak, şiddet, televizyonu fazlaca izlemek, karşısındakini dinlememek, sarhoşluk, cinsel olarak reddedilmek...

Boşanma gerekçeleri, evlenme gerekçeleri kadar bol ve çeşitlidir. Ancak insanların karıkoca ilişkisine son vermelerine yol açan bazı ortak durumlar vardır. Dünyanın her yerinde, çeşit çeşit kültürde ve inanç sisteminde aldatma ilk sıradaki boşanma nedenidir. Şiddet, çocuk sahibi olamama, finansal dertler, cinsel mutsuzluk, iletişim eksikliği, ailelerle yaşanan sıkıntılar, çocuklarla ilgili anlaşmazlıklar, alkol... Sıralama uzar gider. Ve daima hatırlanmalıdır ki altta yatan neden her zaman görünen olmayabilir.

İnsanların arasındaki ilişki, yasallaşmadan önce başlar ve yasal olarak sona erdirilmelerinden önce iflas eder. Bu şu demektir: Yasal olarak evli olmak başka, duygusal evliliğin devam edişi başkadır. Boşanmayı isteyenin kim olduğu yahut boşanma kararının kim tarafından verildiği, kimin kimi terk ettiği sık sorulur. Eşlerden hangisinin boşanma işlemlerini başlatacağını çoğunlukla yasalar ve âdetler belirler. Ancak eşlerden hangisinin duygusal, bedensel ve yasal ayrılığa çanak tuttuğunu bilmek zordur. Bazen öyle olur ki, tartışmalar biter, gözyaşları kurur ve kimse kimin terk ettiğini hatırlamaz.

Bir diğer güncel soru çok mu boşanıyoruz?

Etrafta kim varsa boşanmış ya da boşansak da kurtulsak tonunda mı?

Kaygılanmayı gerektiren bir durum var mı?

Boşanma oranının yüksek olduğu Amerika'yla kıyasladığımızda gayet temkinli gidiyoruz, ancak artış hızımız yüksek. Eskisiyle kıyasladığımızdaysa yaklaşık beş yıldır iddialı bir boşanma artışından bahsedebiliriz. Büyük kentlerde ve okuryazar gruptaki artış dikkat çekicidir. TÜİK verilerine göre bin evlilikten yaklaşık ikisi boşanmayla sonuçlanıyor, ilk beş yıl boşanmanın en sık olduğu dönem. Çocuksuz boşanma ilk sırada.

Neden daha çok boşanıyoruz, cevap çeşitli.

Mutsuz yaşamakla ilgili tahammülün azalması ve kişinin kendisine biçtiği kıymetin artması, boşanmanın utanılacak halden çıkması, boşanmış ailelerin "sorunlu çocukları" meselesinin tarihe gömülmesi, kadının finansal özgürlüğünün artması, hayatın haz almak/daima mutlu olmak tarikatına takılması, sosyal medya, başka hayatlardan haberdar olma... Bütün bu parçalar boşanmayı kolaylaştırdı. Eski evliliklerde boşanmanın zor oluşu, ilişkinin kendisinden bağımsız bir hikâyeydi. Profesyonel ve kişisel olarak günümüzdeki evliliklerin geçmişte yaşananlara göre daha gerçek olduğunu düşünüyorum. Daha iyi ya da daha kötü değil, daha gerçek... Devam etmeme, kıymetli bir opsiyondur ve bir ilişkinin sahici testi budur. Eskiden başladığı için devam eden ilişkiler vardı. Şimdi başlamış olmak, devam ettirmeyi gerekli kılmıyor. Ve tabii hepimiz daha fazla haz peşindeyiz. Çok fazla uyaranla birlikte yaşıyoruz. Sosyal medya, başka hayatlardan haberdar olma ihtimalimizi artırdı. TV, diziler, filmler... Bunlar bize, yaşadığımızdan başka hayatların olabileceği bilgisini verdi.

Boşanmanın katmanları vardır, sınıflandırılır. Duygusal boşanma, finansal boşanma, toplumsal boşanma, yasal boşanma.

Yasal boşanma, bildiğimiz ve boşanma olarak tarif ettiğimiz durumdur ve hukukçuları bağlar. Ne kadar uzlaşılırsa o kadar iyidir.

Toplumsal boşanma, eş dost ahbabın paylaşılması, sosyal mecralarda çift algısının sonlanmasını içerir. Arkadaşlar, gidilen mekânlar sessizce paylaşılır, kimi karının, kimi kocanın yanında saf tutar.

Finansal boşanma zorlu alandır ve hukukun kontrolündedir. İyi niyete, insan evladı olmaya, vicdana ve hakkaniyete ihtiyacı vardır.

Gelelim duygusal boşanmaya... Eşi artık sevmemek, karı yahut koca olarak görmeme, duygusal bağı kaybetme duygularını içerir ve sıklıkla yasal boşanma gerçekleşmeden başlar. Çiftlerin çoğu, mahkeme sürecinden önce duygusal olarak boşanırlar ve ilk olarak eşe hissettikleri duyguların kaybının, sonra evliliklerinin yasını yaşarlar. Duygusal boşanmayı kabul etmek de, yaşamak da, boşanmanın en zorlu ve acılı sürecidir. Duygusal boşanma bazen eşlerden sadece birini kapsar, bu da boşanmayı zorlaştırır ve yarattığı ıstırabı artırır. Duygusal boşanmasını yaşamış hatta tamamlamış çiftler boşanmanın en zor evresini geçer. Ve fakat çiftlerin bazısı yahut eşlerden biri duygusal boşanmayı, yasal boşanma sonrasında yaşayabilir. Bu durumda yas yeni yaşanmaya başlar; inkâr, kızgınlık, depresif duygular ve nihayetinde iyileşme, kendimize müsaade etmeliyiz. Boşanmanın ertesi günü iyi olanlar ya epey önce duygusal boşanmalarını tamamlamış, yaslarını yaşamışlardır yahut zaten hiç evlenememişlerdir.

Bir de takılıp kalan, duygusal boşanamayanlar vardır ki, sıklıkla bağımlı kişilerdir ve evlilik konusundaki bağımlılıklarından vazgeçmeleri güçtür, yardım almaları hemen daima gereklidir.

Boşanmayı iyi şekilde yapmanın yolu var mıdır yoksa her boşanma bir film senaryosu mudur?

Kolay boşanmak, daha az acılı boşanmak, çok canı yanmak, intikam peşinde olmak, dostça ayrılmak, arkadaş kalmak, anne babalığa itina etmek, "Önemli olan çocuklar" demek, parasız kalmak, parayla terbiye etmek, para kaçırmak, anlaşarak ayrılmak, depresyonda olmak, ilişkisi zaten bitmiş olmak- başlaması hata olmak, onu tanıdığı güne lanet okumak, kandırılmış olmak, eşek gibi bakacak olmak, yeni hayat kuracak olmak, yalnız kalacak olmak, çocuklar çok etkilenecek olmak, arkadaşları kaybetmiş olmak, pişman olmak, yine de iyiymiş demek, hayattan korkmak, yeni ev kurmak, eski evden hayalleri kovmak... Sayfalar yazılır ve hepsi boşanmayı anlatır ve şekillendirir.

Kimden, ne şekilde boşanırsanız boşanın, "Kurtuldum" duygusunun dibine vurun; yine de boşanma kederli bir hadisedir. Ya hayallerinizden vazgeçersiniz yahut hayallerinizin kahramanı yanlış çıkmıştır, duygular salvo yapar. Bazen kızgın, bazen kırgın, bazen rahatlamış, bazense korkmuş olursunuz. Sıklıkla okuryazar, başarılı ve başarmaya alışkınlar ise boşanmayı başarısızlık olarak okur ve başaramamayla tanışır. Depresyonu sık yaşayan gruptur.

Konu sevimsiz, mutlu boşanma yok, üzüntü çok.

Boşanmak üzücüdür, kabul edip, paşa paşa kederi yaşamak ve iyileşmek lazımdır... Acele etmeden, sindire sindire ve öğrenerek...

Yola devam etme gücü, yeni ve hayırlı kısmetler dilerim...

Çocuklu boşanma zor zenaat

Boşanma zaten gıcık bir iştir, çocuklu boşanma ise anlatması, yaşaması zahmetli, acısı bol, iyileşmesi zor ve hayatın kalanını da etkilemesi pek muhtemel bir durumdur ve icraat öncesinde kırk kere düşünülmesi lazımdır.

Nasıl boşanıldığının önemi büyüktür. "Boşanmış ailelerin çocukları sorunlu olur" şehir efsanesinin gerçek olup olmayacağının en önemli belirleyicisidir. Çocuklu boşanma iyi bir mücadeleyi, eğri oturup doğru kalkmayı, sağdan soldan medet ummayı, terapiste gitmeyi, üzülmeyi, çok üzülmeyi hak eder. Evlilik tekrar ve tekrar elden ve gözden geçirilir. Ardından itinayla boşanılır.

Biraz iç rahatlatalım, boşanma ve sonrasında çocukların ruhsal iklimlerine, kişilik organizasyonlarına dair yapılmış bolca çalışma vardır. Eski çalışmalarda boşanmış aile çocukları mutsuz, hırçın, okulda akademik sorunları fazla, davranış sorunları yaşayan, gelecekte kuracağı aileye şüpheyle bakılan sorunlu çocuklar olarak anlatılırdı.

Yıllar geçti, boşanma arttı, öyle arttı ki olağan hale geldi, boşanmış aile çocuğu olmak etiketlenmez oldu, mevzu şekil değiştirdi.

Son yıllarda yapılan çalışmalarda ise, evli ve çatışmalı ailelerin çocuklarının benlik saygıları ve psikolojik uyumları, hem evli ve çatışmasız aile ortamında yaşayan çocuklardan hem de boşanmış aile çocuklarından düşük bulunmuştur.

Sadeleştirelim; en fenası çatışmalı ailede büyümektir ve boşanma mevzusunda bir nebze olsun içimiz rahatlayabilir. Yahut hepsi hikâye, "Minareyi çalan kılıfını hazırlar" deyip geçeceğiz.

Çocuk için boşanma, gerekçe ne olursa olsun sevilesi bir durum değildir. Ancak, aynı evde kendi dertleriyle yok olan mutsuz iki insanı seyretmek de azımsanamayacak bir yüktür.

Çocuklar kadın-erkek ilişkisine, evliliğe dair ilk repertuvar bilgilerini seyrettikleri ailede edinirler. Ve seyrettikleri ne olursa olsun sıklıkla bitmesin isterler, bir sabah uyanacağım ve her şey düzelecek umuduna sahiptirler. Pek az çocuk anne babasının evliliği de, bu ıstırap da bitsin ister. Bu, daha ziyade çocukların yaşının ilerlediği, anne babanın öneminin azaldığı, arkadaşların ve dış dünyanın öneminin arttığı vakitlere denk gelir.

Boşanma ve sonrası, ne boşanmakta olan anne baba ne de şaşkına dönmüş çocuklar tanıdıktır... "Bindik bir alamete, gidiyoruz kıyamete" duygusu ile yola çıkılır. İnsan hayatında profesyonel yardımın en lazım olduğu dönemlerden biri çocuklu boşanmadır. Önce ve ivedilikle dramatik algılar temizlenir, yaşananın ölüm değil boşanma olduğu anlatılır. Çocuklu boşanma yüksek şuur gerektirir, siz iyileşmeden çocuk yol alamaz, çocukla ilgili önce anne babanın algısı temizlenmelidir.

Tırnak içinde boşanma ile çocuğunun sorunlu olacağına dair beklenti, ebeveynleri de çocuğu da bataklığa iter. 'Boşanmış aile çocuklarının kurtuluşu', boşanmaların artışı ve kaderdaşlarının çoğalması ile oldu. Okulda, boşanmış ailenin sorunlu çocuğu olarak damgalanma günleri tarihte kaldı, damgalanacak çocuklar arttı, mevzu normalleşti.

Boşanma, kadın ve adamın ayrılması, çocuğun iki evi olması, ana babayla ayrı ayrı ilişki kurması, güvenlik duygusunun sarsılması, çantası sırtında evden eve dolaşması, ana babayı kandırmasının kolaylaşması, gidenin özlenmesi, kalanın hırpalanması ve hayatın zorlaşmasıdır. Hepsi kabul, ancak her boşanma kederini yaşayıp iyileşmeli ve yeni hayat kurmalıdır. Yoksa geçmişin kızgınlığı geleceği ziyan eder, yazık olur. İyileşen ana babalar çocuklarını derler toplar, sarar sarmalar ve "Hayat hâlâ ve hep güzel kıymetli evladım, içini ferah tut" derler.

Boşanmaya dair ipuçları, bizzat yaşamış olanlardan edinilmiştir:

* Çocuklara boşanma kararını anne babanın birlikte anlatması iyidir, birlikte anlatacak durumda değilseniz aynı şekilde anlatmaya çalışın lütfen.
* Boşanma gerekçeleri hakkında çocukların bilgiye ihtiyacı yoktur, "Anlaşamıyoruz!" fazlasıyla yeter.
* Çocuklara boşanma kararında onların hiçbir rolü olmadığı açıklıkla anlatılmalıdır, "Bunun seninle ilgisi yok, sen bizim kıymetlimizsin" deyin mesela.
* Çocukların, boşanma sonunda evden gideni (daha çok da babayı) düzenli şekilde görmesini sağlamak önemlidir, birbirinizi bıraktığınız ancak onu bırakmayacağınız bilgisine ihtiyacı çoktur.
* Çocuklara bunun üzülecek bir durum olmadığıyla ilgili cümleler kurulmamalı ve üzülmelerine müsaade edilmeli. "Üzülecek bir şey yok, daha mutlu olacağız" demeyin lütfen.
* Çocuklara boşanmayı geri döndürmekle ilgili yapacak bir şey olmadığı açıklıkla anlatılmalı ki boşuna uğraşmasınlar, yorulmasınlar, kendilerini heba etmesinler.
* Çocukların hayatında boşanma sonrası ne kadar az değişiklik, o kadar iyi. Okulu, evi barkı değiştirmeyi erteleyin; önemlidir.
* Görülmemiş hesaplar, kızgınlıklar ne var ne yok tarihin

karanlığına fırlatıp, yola devam etmek gerek.

* Anne baba olarak birbirinin yüzüne bakacak ilişkiyi korumak lazımdır.
* Boşanmak, birbirinin hayatından pılı pırtıyı toplayıp gitmektir.
* Film tadında boşanalım hevesiyle birlikte tatil yaparız, görüşürüz fantezisinden vazgeçin, çocukların aklı karışır.
* Çocukların duygularını göstermesi, anne babanın da duygularını göstermesiyle mümkün olur.
* Sosyal çevrenizi sadece boşanmışlardan oluşturmayın lütfen.
* Çocuklarınızı yasal boşanmanın sınırlarına hapsetmeyin, anlaşın, bu önemli ve çok faydalıdır.
* Boşanmayla ilgili ne yaşayacaksanız merkeze çocukları koyup karar verin.

Boşanmış ebeveynlik maharet ister, dram sevmez. Çocuğu birikmiş öfkelerden önde tutmayı gerektirir. Bu, insan canlısının hayattaki derslerinden biridir. Dersinize iyi çalışmanızı dilerim ve öneririm.

Hayat bir içe bakma oyunudur

Maksadını aşan, aşabilmesi ince bir çizginin çok yanında olan meslekler vardır. Psikiyatristler, psikologlar, ruhun bilinmezliğinin karanlığında yolunu kaybetmişlerin bir bilenleri, bilen olmanın şatafatı, bildiğinin yanıldığına yetmediği, kimlik haline gelmiş meslekler.
Kendinizi korumanız gereken mesleklerdir bunlar. Olmadan, oldum sanırsınız, insanın sırrını çözdüm, yedim yuttum; ağzını açanın ciğerini okudum.
Mesleğin ilk yıllarını hatırladığımda şaşkınlığa uğrarım. Bilgi gani, sezgi silik, ben konuşmuyorum psikiyatri kitapları konuşuyor; gönül gözüm kapalı, fena halde korkuyormuşum. Bu meslek, eğer yeterince sağlam duramazsanız öğütür, birbirine benzer ruhsuzlara dönersiniz.
Şimdilerde genç meslek icracılarına bakıyorum; durum aynı. Kendi dillerini oluşturana, iç seslerini duyana dek hepsi birbirine benziyor.
Sonra kimi, korkularından sıyrılıp, kendi kimliğinin de terapi odasında lazım

olduğunu hatta olmazsa olmaz olduğunu
fark ediyor,
o vakit gençliğin heyecanı ve merakıyla
pek hoş oluyor.
Mesleğin olmazsa olmazları vardır;
kendini mümkün olduğunca bileceksin ve
koruyacaksın, merak edeceksin, merakın
sahici değilse vazgeçeceksin, tahammül
edeceksin ve tahammül edilmesini
sağlayacaksın. Ruh yavaştır, naiftir,
sürpriz doludur sesinin duyulmasına
izin vereceksin, hem var olacaksın hem
yok olacaksın ve terapi odasının esas
kahramanından rol çalmayacaksın. Bu,
insana ve kendisine dair merakı olan
için şahane bir meslektir.

Çift terapisinin sihirli üçlemesi, üç temel sorusu:
1- Neden bu adamla / kadınla evlendim?
2- Yaşadığım sorun nedir?
3- Benim yaşananlardaki rolüm-etkim nedir?

Denir ki bu soruların yanıtlarını bulan bir daha karada ölüm yüzü görmez. Evlilik mevzusunu çözmüş, yemiş yutmuştur, sihri cebindedir ve üstelik kendini de aradan çıkarmıştır.

Evliliği anlama mücadelesi, kendinin farkına varma oyununu oynamadan yol almaz. Önce kendimizi iyice bir elden geçiririz: "Ne kendini beğenmiş adamım, yetersiz hissettirme üstadıymışım, küserek sistemi kilitliyorum, duygum bitti, acısını ondan çıkarıyorum; kızgınım, dinlemiyorum, konuşma sırasının bana gelmesini bekliyorum, ne hissettiğini anlamıyorum, ne hissettiğimi anlamıyorum!"

İlki maceranın başlangıç sorusudur ve aslında evliliğin neyi var neyi yoksa bu sorunun cevabında gizlidir.

Neden evlendim?

Âşık olunmuş, sevilmiş, yakın hissedilmiş, anlaşılıyorum denmiş, uygunluk ve huzura fit olunmuş, ne alırım ne veririm soruları eşe de kendine de sorulmuş, elde kalana ikna olunmuş ve evlenilmiştir.

Evliliğe ve eşe dair söylenmiş ve söylenmemiş isteklerimizin karşılanacağını düşünmüş, hissetmiş ve evlenmişizdir. Niye o adam değil de bu adamla evlendiğimiz, o kadına değil de bu kadına âşık olduğumuz sorusunun cevabı uzundur; kendini iyi tanımayı, isteklerini fark etmeyi, zaaflarını, kırılgan alanlarını kabul etmeyi içerir. Evlenme nedenimizin boşanma nedenine evrilmesi en çok buralarla ilgilidir. Tercihlerimizin ihtiyaçlarımızdan kaynaklandığını, ihtiyaçlarımızı samimiyetle fark etmenin önemli olduğunu ve ihtiyaçlarımızın değişebileceğini fark etmeliyiz.

Misal; ilgisi ve müdahalesi yüksek, yediğine içtiğine, giydiğine çıkardığına karışan, karar veren kadının ve bunu ilgilenilmek/sevilmek olarak okuyan ergen adamın evliliği şıkır şıkır gider. Ve fakat ergen adam büyüdüğü ve bu ihtiyacı ortadan kalktığında, "Annem gibisin, ben kadın istiyorum" der, oyun bozulur.

Oysa kadın başlangıçtaki ilişki oyununu oynamaktadır. O, saçını süpürge eden anne kadındır ancak karar veremeyen, yardıma ve müdahaleye muhtaç ergen adam, oyundan çıkmıştır ve oyunun hükmü kalmamıştır.

Misal; yöneten, kollayan, karar veren adamla uyum sağlayan, "Böyle bir hayat istiyorum" diyen kadının mutlu mesut evliliği kadının mutlak uyumdan vazgeçmesi, kimlik oluşturmasıyla zora düşmüştür. Kadın kimliğine sahip çıkmıştır ve bu kişisel olarak kıymetlidir. Ve fakat adam, "Ben böyle bir kadınla evlenmezdim" der, hikâye biter; boşanmayı görünürde isteyen adamdır fakat oyundan çıkan kadındır.

Burası sürpriz pakettir. İhtiyaçlarımız dönüşürken ilişkimiz de dönüşürse ne âlâ, yoksa durum zordur.

Yahut, karşımızdaki yeni oyun ister, "Ben seninle evli olmak istiyorum, seni istiyorum ancak yeni oyuna ihtiyacım var" der; evlilik kolları sıvar, yeniden yapılanır, dönüşüm vaktidir. Evliliğin yeni biçimi sevilir yahut sevilmez. "Ne şahane" denebilir, "Buraya kadarmış" denebilir, hepsi mümkün. Buraları çok konuştuk, derinlik hayalini, yüzeyde kalmayı, uygunluğu, tamamlanmayı, ihtiyaçlarımızı ve onların değişimini... Hepimizin kendine göre eş seçim öncelikleri vardır ve bunu fark etmemiz önemlidir.

Gelelim ikinci soruya. Burası, problem yahut dert, sıkıntı ne ise onun tanımlanması kısmıdır ve çözümün ilk basamağıdır. Tanımlanamayan dert çözülemez, yahut düşmanı yok etmek için önce onu iyi tanımak lazımdır ve bu, sorunun özlü sözleridir. Burada beylik tanımların esiri olmadan yol almak lazımdır.

En yaygın problem tariflerinden bir demet: İletişim kuramıyoruz, ailelerle ilgili derdimiz var, annesini sevmiyorum ve gitmek istemiyorum, cinsel hayatımız kötü, başkası var, beni sevmiyor, çok ilgisiz, özel alanım kalmadı, çok kavga ediyoruz, sürekli bilgisayar başında... Sayfalar dolar, saatler geçer. Bir çift her türlü yaşam olayını, ilişkilerinin problemi haline getirebilir, yeter ki istesin. Burası durum tespit alanıdır, hastalık anlaşılacak ve sonraki aşamada tedavi edilecektir. Durumu bu netlikten çıkaran ise, görünen neden ile sahiden var olan problem tanımının farklı olma durumunun sıklığıdır.

Sıra geldi samimiyet ve içgörü olmadan cevaplayamayacağımız ve terapide dananın kuyruğunun koptuğu, ortamın gerildiği soruya: Ben nerede yanlış yaptım?

Bu cevabı pek zor bulunan sorunun yanıtı, altın kıymetindedir. Çift terapistinin ve çiftin yapıp yapabileceği, bu sorunun cevabında gizlidir. Hatta yapabileceğiniz bir şey olup olmadığı bu sorunun dolgunluğuna bağlıdır. Ne kadar çok "Hata yaptım"la başlayan cümleniz varsa o kadar iyidir çünkü düzeltecek arızanız, devam eden hayalleriniz var demektir. Ancak tam da bu noktada insan canlısının kendine torpil geçmedeki sınır tanımazlığının romanı yazılır. Eş neler neler yapmıştır, sular seller gibi anlatılır; ilgisizdir, kuralcıdır, arkadaşlarıyla ayrı takılma temayülündedir, evde hiçbir sorumluluk almamaktadır, çok uyuyordur, elinden cep telefonu düşmemektedir...

Hepsi kabul, "Peki sen?" dersiniz, sistem durur. Sahiden düşünülmemiştir yahut, "Yaptım evet ama..." faslı başlar. Burası patinajın başladığı yerdir. İnsanın ilişkisi üzerindeki gücünü kaybedip, yapan, dönüşen, fark edenden yapamayan, şikâyet eden seyirciye evrilmesi başlamıştır. Karşıdakine bakma, görme, listeleme, küsme, ona göre davranma, kötüden misal olur deme, haklı olma oyunu oynanır. Evlilik karşıdakine bakma oyununu oynamaya başlamıştır oysa hayat bir içe bakma oyunudur.

Mevzu şu: Adam bağırıyor, kadın küsüyor. Kadın der ki, "O bağırdığı için küsüyorum!" Adam der ki, "O küstüğü için bağırıyorum!"

İstenen şudur: Gerekçelerden bağımsız şekilde "Yanlış yaptım"la başlayan cümleler kurun.

"Küstüm, isteğimi söylemedim, anlaşılmayı bekledim, ailesi konusunda arada bıraktım, sarılmadım, surat astım, yanlış yaptım, ilişkimi hırpaladım."

Burası çiftin en zorlandığı yer. Afili adı ilişkideki kimliğimize dair içgörümüz, sadeleşmiş hali ise ben nerede yanlış yaptım sorusunun samimi yanıtıdır.

Küstüm yanlış yaptım, sarılmadım yanlış yaptım...

Buranın kilit noktası, gerekçelendirmeden düşünebilmektedir. "Bağırdığı için küsüyorum" başka, "Küsüyorum, yanlış yapıyorum, ilişkime zarar veriyorum" başka.

Gerekçeli düşündüğümüzde kendimizi pas geçip gerekçeye kilitleniriz, o bağırmasa küsmem deriz. Gerekçenin haklılığına lafım yok ancak, bizi arızalandıran gerekçeleri yan yana koysak, analiz etsek, öfkenin fenalığını konuşsak...

Hepsi kabul, kabul de ne işe yarar?

Beklenti oyunu, değişim fantezisi başlar.

Evliliği bin parçalı puzzle'a benzetin, yetmiş parçası arızalanmış, yedi tanesi size ait, kalanı eşin halt yemesi. Sizin yapabilirliğiniz, kendi parçalarınızı elden geçirmekle sınırlıdır.

"Benim yedi arızama gelene kadar o kendine baksın, önce o başlasın, onun yüzünden böyle davranıyorum" kelamlarının hızla bırakıp kendine bakma vaktidir. Evliliğin içindeki kendimize bakarız, eşten bağımsız şekliyle kendimizi okuruz, kendimizden bekleriz, isteriz, ısrar ederiz, mücadele ederiz, finalde bazısının altını bazısının üstünü çizeriz ve "Evliliğe verebileceklerim bunlardır" deriz. Sonrası, cebindeki malzemeyi kullanmış, mücadele etmiş, kendini elden geçirmiş insanın iyi hissedişidir. Evliliğiniz devam eder yahut etmez, ancak siz sağlam çıkarsınız, kederli ancak sağlam.

Kendinize ve evliliğinize samimiyetinizin bol olmasını dilerim.

Elektrik alamıyorum!

Evlilik programlarını seyrediyor musunuz?

Merakla, şaşkınlıkla, hayranlıkla ve korkuyla seyrediyorum. İlgimi çeken, insanların kendilerini anlatışlarındaki samimiyetsiz rahatlık. Bizdeki bilgi, "İnsan ne kadar samimi ise o kadar rahattır" idi. Popülaritenin temeli ve sihri samimiyet üzerinden okunurdu. Popüler kimlikler samimi diye sevildi, hepimizin heves ettiği o kendini rahatça gösterme, başka bir şey olmaya çalışmama hallerini yıllar boyu keyifle seyrettik. Bozuk diksiyonlarını, gururla taşıdıkları bilgisizliklerini, kızgınlıklarını, sövüp saymalarını, af dilemelerini, "Vay be, kendine güvene bak!" diyerek seyrettik. O meşhurdu, sesi güzeldi, iyi oyuncuydu, mankendi, siyasetçiydi, bir şeydi. Sonrası malum... Bu figürler, samimiyet taklidi yaparak yol aldılar. Samimiyet içi boşalmış, ucuz bir malzeme halini aldı, bizdeki bilgi yalan oldu. Samimiyetsiz rahatlık diye bir mesele vardı ve bu atlanmıştı.

Bu defa sokaktaki insandan popüler figür yaratma oyunu başladı. Bu samimiyetsiz ama kankası ile konuşma rahatlığındaki yeni popüler figürler artık sıradan insanlardan seçilir oldu. Ve bu ahali tabloya bir de kendine güven taklidini ekledi.

Bizimki gibi memleketlerde mesnetsiz bir kendine güven taklidi var. Ve fakat hızla kazanılan güvensiz kendine güven, aynı hızla kaybediliyor. Evlilik programları yeni yüzlerle tanıştırdı hepimizi, ismi cismiyle, kriterleriyle, taraftarı olduğumuz kimlikler türedi. Fiziksel olarak elden geçirilmiş, giydirilip kuşatılmış ve artık çoğu genç olan bu grup adım adım kendi olmaktan çıktı.

Yeni *popy*'lerden bir grup, "Burası bana göre değil, yerim dar, ben nelere layığım" tonlamasında ve kimseyi beğenmiyor. Beğenmek için de gelmemiş zaten, meşhur olası, kanal kanal gezesi var.

Bir diğer grup ise iki gün arayla farklı insanlardan elektrik alıyor ve ortalık karışıyor. Malum bizim namusumuzdur, elektrik alındı mı iş biter, kimselere bakılmaz, burada ise gönüllerin zıp zıp konası var.

Bir de ihtiyaç sahipleri var. Onlar yaşları daha geçkince, ya hiç evlenmemiş yahut finansal ihtiyaçları yüksek. Bu grup en sahici ve muhtemeldir ki en az ilgi çekici olandır.

"Elektrik alamıyorum", "Bana kendinizi tanıtın", "Kriterlerimi biliyor musunuz?", "Beni geçindirebilecek misiniz?"

"Hoşlanmadım", "İçim ısınmadı", "Kalbim çarpmadı" değil, "Elektrik alamıyorum." Yani işe yaramazsın!

Aynı kadınlarla aynı adamlar, aynı hayalleri aynı kelimelerle anlatıyor. Ne hayaller inanılası, ne de söyleyenler. Mevzu sıkıcılaştıkça devreye alıcılar giriyor. Alıcılar, yani talipler görünürde neredeyse daima talep ettikleri kadın ve adamlardan üç gömlek aşağıdalar.

Bu bozuk diksiyonlu, eğri gömlekli adam ya da kadınlar televizyonda olmaktan dolayı heyecanlılar fakat karşılarındaki televizyon yıldızına talip olmakla ilgili sıkıntıları yok.

Neredeyse daima altyazı şu: "Ben senin asıl kıvamını biliyorum, dengiz denk!"

Sahiden denkler.

Hayatı okuyuşları, uyumlanışları aynı kıvraklıkta. Derinden birbirine benzeyenler, hele ki benzerlikleri arıza düzeyindeyse birbirini tanırlar. Yabancılaşma ve yalancılaşma insanı çirkinleştiriyor. Kamuya açık, kamunun onayından yahut ilgisinden beslenen ilişkiler, ışıklar, güzel elbiseler, yapılı saçlar, ben hassas biriyimle başlayan cümleler, sosyal medyadaki fanlarım diye başlayan cümleler bir yanda, sahici hayat öbür yanda. Bu yarılmanın içerisinde, tüketimin kutsal sayıldığı bu vakitlerde, bu kadın ve erkekler birbirine benzeyen halleri ve hayalleri içinde yok olup gidiyor.

Dilek cümlesi bu kitabın usulündendir ve bu mevzuda bu hikâyenin sonlanmasından gayrı bir şey dilemek zordur.

Ana babadan hasarlılar kulübü

Psikolojide kişisel görüş sıklıkla temkinle
karşılanır. Bu durum kimine göre, mesleği
kötüye kullanmak, kimine göre ise özgürleşmek,
rengini göstermektir.
Terapist olmanın zahmetli yanlarından
biri budur...
Bir yandan kendinizi köşe bucak saklarken öte
yandan, "Anlat" dersiniz, "anlat, kalbini
anlat, hayatını anlat, hayallerini anlat..."
Bu mevzunun açılımı muhtelif; ilişkisiz
ilişki kurmak, gönül sesini duymak ve
fakat gönül bağı kurmamak, profesyonel
ilişki kurmak, poker suratlı olmak,
sesi titrememek, kıl olmamak, sevmemek,
kızmamak, duygu namına ne varsa zinhar
odaya sokmamak...
Peki ne yapacağız?
Mesela sevdiğimiz insanlarla çalışmayacak
mıyız yoksa duygu sahibi olmanın
katlanamaz utancıyla üstüne mi gideceğiz?
Terapi nedir, daha açığı bir şey midir?
Ne yapar?
Terapist kimdir? Profesyonel arkadaş,
ruhsuzun teki, varoluşun anlamını

başkası üzerinden arayan fani...
İlhan Berk, "Ne yaparsa yapsın sevemediklerim var benim, bir de çanıma ot tıkasa da sevmekten vazgeçemediklerim" demiş. Benim de.

Anadan babadan hasarlanmış olanın iflahı zor. Yıllar geçiyor, başarılar el ele tutuşuyor, dünya alkış tutuyor, nafile. Memleketin has hikâyelerinden biri de, benim mesleğin ekmek kapılarından biri de tastamam budur.

Mevzu döner dolaşır kendini de başkasını da ayarınca sevebilmeyi öğrenmeye kilitlenir. "Yaratılanı yaradandan ötürü sevmek" treni kaçtı ise nasıl olacak bu sevme mevzusu?

Sevilesi değilsen ne olacak, yahut sevilesi olmanın şartları nelerdir?

Yaşadıklarımdan, tanıklık ettiklerimden, seyrettiklerimden öğrendim, hatta en çok bunu öğrendim ki mecbursun, seveceksin kendini.

Olmadı mı ya ezikliğin kitabını yazıyorsun yahut şişkin ve fakat üflesen kırılacak egoyla seyrediyorsun dünyayı.

Ana babanın arızalı olmayanı, çocuklarını zaten sever, hatta çok sever, hayatının anlamını nihayet bulduğu, canına yandığımın anlamsız dünyasının anlamlandığını, renklendiğini, yaşamak için bir sebebi olduğunu hisseder.

Ana baba olmak, evladının geçmişinin önemli kısmını yazmak, onun bahtına düşen olmaktır. Malum herkesin bahtına bir ana baba düşer. Ve herkesin bu ana babadan tahsil edemediği alacakları vardır.

Sevilmeye layık olup olmadığımız sorusunu, neredeyse doğduktan itibaren ve cevabı çok önemseyerek ana babalarımıza soruyoruz.

Sevilmek yetmiyor, koşulsuz sevilme ihtiyacındayız, başkası kesmiyor. Ne yaparsak yapalım, kim olursak olalım; başarılı başarısız, güzel çirkin, toplumun beğendiği beğenmediği... Ana babamız koşulsuz sevemedi, her halimizi onaylamadıysa dertli macera başlıyor, sevgiyi almak için ya uyumlanıyoruz yahut restleşiyoruz.

Hikâyenin çocuk ayağında bir grup çocuk, ana babasıyla restleşmeyi göze alamaz, evin doğrusunu sorgusuz sualsiz "doğru" kabul eder, yoksa sevilmeyeceği, onaylanmayacağı kaygısıyla kendini yaratamaz ve kimliksiz hale gelir.

Bir diğer grup ise uyumlanmaz, restleşir, koşulsuz sevilmedikçe ana babanın doğrusunun zıddı davranmayı ve düşünmeyi artırır. İhtiyacımı karşıla derken, kızgın ve restleşen biri haline gelir.

Ana babamızdan istediklerimiz, ne olursa olsun sevilme, onaylanma ihtiyacıdır. Bunlar, insan canlısının var oluşuyla ilgili, kabul. Ancak bize bu duyguyu verecek ana babalarımız, koşulsuz sevilmediyse ve bunu bilmiyorlarsa yahut duygu repertuvarları kısıtlıysa kendilerinde olanı veriyorlar ama yetmiyorsa ne olacak?

O vakit "ana babadan hasarlılar kulübü"nün değişmez elemanı, "Ana babam beni sevemediyse kimse sevmez, zaten ben de sevilecek biri değilim" deyip, makûs talihini kimliği, dününü yarını yapma yolculuğuna başlar.

Bir grup fark eder ki, ihmal eden, indirgeyen, koşulsuz sevemeyen, ana yahut baba yahut ikisi beraber, bizim istediklerimize sahip değil. Bahta düşen ebeveyn, sevmeyi beceremeyendir ve sadece bizi değil, ne kendini ne başkasını sevmeyi becerebilmiştir.

Bu grubun elemanı, ebeveynle hesap görürken bunları fark ettiyse, hayal kırıklığı yaşar, üzülür ancak damgalanmaz, yoluna devam eder, kendi ebeveynliğine bu mevzuyu bulaştırmaz.

"Bu kadar yapabildi" der. "Gönlünde ne vardıysa verdi" der.

Önce ebeveynle barışır, sonra kendisinin sevilmeye layık olmadığı pankartını çöpe atar.

Bir diğer grup ise zordadır, bu defa koşulsuz sevmeyen ebeveyn, başkalarını yahut kendi kendini sevebilmektedir. Soru güncellenir!

"Ben sevilmeye layık biri değil miyim?"

Burası bataklık arazidir, sevilebilirliği yeniden okuduğumuz, ebeveynin sevemezliğinin masaya yatırıldığı, arızasının yazılıp çizildiği günler geçirilir. Önce ebeveynden beklediklerin üstü, sonra gerekirse ebeveynin üstü çizilir. Sevilmeye layık olmama, ana baba sevmediyse zaten kimsenin sevmeyeceği meselesi derin ve zahmetlidir.

Hikâye basit, etkisi derindir; bahtına kötü ana baba düşmüştür ve ileri doğru bakmaya çalışma, alacakları tahsil etmekten vazgeçme vaktidir. Böylelerin işi zordur ve öncelikli riskleri, ebeveynden tahsil edemedikleri alacaklarını eşten tahsil etmeye çalışmalarıdır. Çok konuştuk bunları.

Dert çok, geçmişten gelen, talihsizliğin dibine vuran dertlerimiz var ve fakat derman bizde.

Olduğu kadar çok mücadele ederek, "kederimizin kaderimiz olmasına müsaade etmeyerek" yola devam etmeliyiz.

İnsanın kendisiyle, geçmişiyle ve muhtemel geleceğiyle baş edebilmesinin önkoşulunun, kendisini, geçmişini ve muhtemel geleceğini iyisiyle kötüsüyle doğru okumaktan geçtiğini düşünürüm. Sular seller gibi okumanızı, bazı bölümleri çıkarmanızı, yeni bölümler eklemenizi, güncellemenizi dilerim.

Anne olmak...

Filmlerdeki gibi, veda ederek, hayata doymuş,
mutlu ve bilgece ölünebilir mi?
Etrafında dostlar, çocuklar, bakışlarında
yeterince uzun ve mutlu bir ömür geçirdim
resmi...
İşte böyle ölünebilir mi?
Yoksa ölüm ne vakit gelse zamansız mıdır?
Derdim arkada kalanların özlemi değil,
ölenin hali.
Mevzu; ne kadar yaşandığı mı yoksa nasıl
yaşandığı mı?
Yoksa bilinmezlik mi mevzuya damgasını
vuran?
Bu mevzuların muhabbetinde, kızım
"Hayat cümlenin tam ortasında bitiyor,
cümle de, hayat da yarım kalıyor"
dedi. O konuştu ben sustum.

Yahu siz hiç anne oldunuz mu?

Düzden delilik. O vakte kadar biriktirdiğiniz ne varsa, hepsi tarumar olur. Ana, baba, koca, arkadaş, iş güç, ev bark, hepsi anlam ve güç kaybeder.

Cüzdanda kurbağa yavrusuna benzeyen bir resim. Kendinizi, tanımadığınız insanlara o resmi gösterirken bulursunuz. "Bu da benim çocuğum" dersiniz, benim, bana ait.

"Ne tatlı şey" derler, gururlanırsınız, en özel, en biricik çocuğa sahip olmanın gururudur bu. Nihayet olmuştur, herkesi ters köşeye yatırıp en şahane olanı kapmışızdır. İşte böylesine arızalı bir mevzu annelik.

İnsanın en vahşi aidiyet duygusu güncellenir, üstelik toplumun onayıyla. "Benim, bana ait, o yüzden önemli, çok kıymetli" deriz altyazıyla.

Gerçekle en zayıf ilişki annelikte kurulur, insanın o kendisinde görmeye utandığı, ehlileştirmeye ömür adadığı ne varsa çıkar. Adaletli olmak, tevazu göstermek, dünyayı olduğunca anlamak rafa kalkar ve aidiyet, sisteme hâkim olur. Sizin çocuğunuz şahanedir, özeldir, biriciktir, eşi benzeri yoktur ve konu kapanmıştır. Muhtemeldir ki annelik yapmanın, yapabilmenin raconu bu duygulardan geçmektedir.

Ne kadar az şuurlu iseniz o kadar anne olursunuz.

Annelerin şuursuzluğu günbegün azalır ancak hiç bir vakit sıfırlanmaz. Anne olmak, daima orta karar bir şuursuzluk ve en şahane çocuk fantezisi barındırır.

Kim olursanız olun, okuryazar, entelektüel, okumaz-yazmaz, neşeli, sıkıcı... Anne olmak, kadınları bir potada eritir. Her anne, diğer annelerin duygusunu anlar ve anneler arasında sinsi bir rekabet vardır.

Şuursuzluğunu orta karara getirebilen anneler bu durumu utanarak fark eder ve olabildiğince terk eder. Onlar kendilerini de çocuklarını da serbestlemiş, olgunlaşmış annelerdir ve iyidirler, hoşturlar.

Şuursuzluk oyunundan çıkamayan, evladıyla hayat öyküsü yazan, onun hepsi hepsi bir insan canlısı olduğunu fark edemeyen, illa ki özel olmasına oynayan annelerin işi zordur. İpin koptuğu yer burasıdır.

Kim olursanız olun, anne olmanın dayanılmaz ağırlığı burasıdır. Var olmanın dayanılmaz ağırlığından nihayet kurtulunmuştur ve fakat var etmenin dayanılmaz ağırlığıyla işgal olunmuştur. Kendinize dair hevesleriniz el değiştirir ve sıradan insanın ölümsüzlük macerası başlar.

Anne olmak kaygılı olmaktır, aidiyetin dibini bulmaktır, fena halde sevmektir, sevmek kelamının yetmediği durumdur, bile isteye kendini ötelemektir, şuurlu olma halinin bulanıklaşmasıdır, kirpi yavrusunu "Pamuğum" diye sevme halidir.

Kabul, yaşadım ve yaşamaktayım biliyorum, ancak şuurumuzu çağırmalı ve çocuklarımızı serbestlemeliyiz. Yoksa, ya onlar bizim hayalimizin içini doldurmaya çalışırken heba olur yahut biz karşılanmamış hayallerimizle el ele tutuşuruz.

Yemek, uyumak ve altına yapmak üçlemesiyle hayatımıza giren, hayatta kalması bize bağlı olan yavrumuz, ki bu durum acayip ve hiç tanımadığımız bir kaygı tetikler ve anneler bir daha iflah olmaz. Anneliğin baskın duygusu kaygıdır. Sağlam ve sağlıklı olarak hayatta ve ayakta tutmakla mükellef olduğumuz çocuğumuza bu duyguyu az çok satarız. Yatırım koşulsuz, patronaj mutlaktır. Öğlen yoğurt yememesi dram haline gelir, hayatta kalma oyunu eksiksiz olmalıdır.

Pekâlâ ya ömrümüzü ve hayallerimizi akıttığımız insan canlısı ne olacak?

Ya o aslında sandığımız kişi değilse?

Neyse ki bütün annelerin çocuklarıyla ilgili kendilerini kandırma becerisi vardır ki bu neredeyse sınırsızdır. O tatlı şey ☺ büyüyüp bir şahsiyet olduğu vakit o bizi beğenmez olunca bir sarsılırız ama o da çabuk geçer.

"Şimdiki gençler böyledir" deriz, olur biter. Sırada artık uzaktan seyrettiğimiz hayatları onama vardır. Annelerin hayatı böylesine bilindik, film tadındadır.

Bu sarsılmaz ittifakın daimi mağduru olan babalar ise,

kalan vakitlerinde kaybedilen karıları ve kazanılamayan çocuklarına yanarlar.

Malum babalık, annenin izin verdiği kadar yapılır. Yolunuz açık, ümidiniz bol olsun babalar.

Anne olmak hiç tanımadığınız duygularla tanışmaktır. Lezzeti tarifsiz, kaygısı ömürlüktür ve eşi benzeri yoktur. Tadına varmanızı dilerim.

Sıkıldım anne, eğlendir beni!

Evvelden ana babalığın, çocuklarını sevmenin ve terbiye etmenin bir raconu vardı. Ana babalar, çocuklarına önce terbiye verir, sonra şımartmadan sevmeye çalışırlardı. Şimdinin ebeveynlerinin, çocuklarını hayatın merkezine alma ve onun etrafında konumlanma hadisesi o vakitler ayıptı. Zaten ayıp diye bir mesele vardı ve çok önemliydi. Ayıp olmaması, terbiyeli olunması ve şımarmadan sevilmenin koşulları vardı. Koşulsuz sevilmek, çocuğun en önemli ve öncelikli ihtiyacıdır mottosu, o vakitler hayal bile edilemezdi.

Koşulları hepimiz sular seller gibi bilirdik, anasına babasına saygılı, akıllı, çalışkan, söz dinleyen çocuklar ilk basamağı atlar, cinsiyetinin gereklilikleriyle sınanırdı.

Kızlar edepli, önüne bakarak yürüyen, ana babasının yüzünü eğdirmeyen, ev işlerinde annesine yardım eden, el âleme rezil etmeyen, ilk ve son el ele tutuştuğu kişi evleneceği çocuk olan, daima ailesine sadık kalan, babasından çekinen, çok konuşmayan olmak durumundaydı.

Oğlanlar ise hareketli, dışarıda aslan evde anasının kuzusu, futbol meraklısı, akılı ama çalışmıyor kerata, delikanlı, hovarda ancak komşunun kızına yan gözle bakmayan, babasından çekinen olurdu. Olmayan da hayırsız damgasını yerdi ve "Kötü çıktı bu çocuk" denirdi.

Koşullara adabıyla uyan, ana babasının yüzünü kara çıkarmayan olmak mevzusunu dönemdaşlarım iyi bilir, hepimizin hücrelerine kazınmıştır ve kolayına çıkmaz.

Bizden öncekilerin durumu ise daha fenadır. Onlarda ana babaların sevgisini göstermesi zaten ayıp. Bu zatımuhteremler bizim ana babalardır ve kendi yaptıkları ana babalık yaşadıklarının yanında pek afilidir. Onlar çocuğun da insanın da pek az değerli olduğu, hayatta ve ayakta kalabilenin yaşaması, kalamayanın vedalaşması gerektiği düşünülen zamanların çocuklarıdır. Açlıkla terbiye edilmişlerdir ve ruhsal istek ve ihtiyaçlarının da var olabileceğini, muhtemeldir ki ilk kez kendi çocuklarından duymuşlardır.

Bu kolektif bilinçaltı, toplum mühendisliği icraatı, mahalle baskısı; adına ne isterseniz deyin, sinsice içimize işleyip, hepimizi ele geçiriyor. Değişen dönemlerin birbirine benzeyen davranış ve hissediş kalıplarını yaşıyor ve yaşatıyoruz.

Hatta mevzuyu daha derine indirelim, dönemlerin isimleri vardır. Memlekette isme bakıp yaşı, sosyal grubu, muhtemel duygusal travmaları tahmin edebilme ihtimali vardır. Yarı şaka, yarı ciddi bir hikâyedir bu.

Mesela Cüneytler, Hülyalar koşullu sevilmiştir ve daha kaygılıdır. Berkler, Kaancanlar, İlaydalar ise koşulsuzluğun dibine vurmuş, kırılgan ve fakat şişik egoludur. Süleyman ve Hatice zaten sevmenin ayıp olduğu vakitten kalmalar...

Gelelim bu vaktin kaygısı bol, doğru çocuk yetiştirme kitaplarını yalayıp yutmuş, "Bir şey söyleyeceğim ve çocuğumun ruhu bozulacak" diye endişelenen, çocuklarının bir nevi oyuncağı ve eğlendirme sorumlusu ana babalarına.

Kendine güvensizliğinden çok çektiğini düşünen neslim, sadece ve mutlaka kendine güvenen, "Varlığım dünyaya armağandır" kıvamında çocuk yetiştirmeye yeminlidir. Onlara yüklenmemek gerek, zaten her daim pek yorgunlar, çocukları spora, piyanoya, dansa ve her hafta sonu doğum günlerine götürmektedirler. Çocuklarındaki yeteneği bulmaya ömrünü adamış ana babalar, koşulsuzluğun dibine vurmuşlar ve dünya senin kulun olsun, kendine güven yeter, önemlisin, çocuk dediğin gazla çalışır pankartlarıyla gezerler. Yorgun ve yorucudurlar.

Naçizane birkaç saptama, uyanı alın, uymayanı bırakın lütfen. Malum bu çocuk yetiştirme mevzusunun doğrusu da eğrisi de boldur...

* Her çocuğun yaradılışı da, yetişmesi ve yetiştirilmesi de farklıdır, her biri kendine özgüdür.
* Çocukların koşulsuz sevilmeyi talep ettiği adres, sadece ve sadece anne babasıdır, dış dünyayla kurulan ilişkinin koşullara tabi olduğunu hatırlayın lütfen.
* Koşulsuzluk başka, ayarsızlık başkadır.
* Çocuklar göründüklerinden daha güçlü ve oyuncudur.
* Kendi hayallerimiz, yetersizliklerimiz ve deneyimlerimiz bizimle birlikte sonsuzluğa intikal edecektir, çocuk kendininkilerle meşgul olsun lütfen.
* Çocuklar gazla çalışmaz, gazla şişer; bu da fena bir durumdur.
* Çocukların tahtını yapıp bahtını yapamamak her döneme aittir.

"Sıkıldım anne, eğlendir beni" ayarındaki bu sıpalar, ilk gençlik vakitlerini bol bilgili, az sezgili geçirirken, ilk aşk/reddediliş/depresyon üçlemesiyle şaşkınlaşır. Sonrası onların hayat macerası...

Bazısı kendi güvenlikli sularında yüzmeye devam eder, bazısıysa kaybetmeyi göze alıp, kendisini hayatın akışına bırakır.

Dilerim gönül gözleri açık, ömürleri uzun olur bu vaktin gençlerinin...

Hem anne hem kadın!
Nasıl olacak bu?

Isabel Allende'nin kitaplarında başrolde hep bir kadın vardır, sıkı kadındır... Koklayarak yaşar, sever yahut sevmez, dostu-düşmanı vardır, dünyayı değiştirebileceği hatta dünyanın değişmeye değer olduğu duygusuna sahiptir. İflah olmaz romantik, daimi anarşist bu kadın hayallerini ciddiye alır ancak ciddiyetin renksizliğine mahkûm olmamıştır. Sahiden kendini takip eden, ışığını kaybetmemiş, cinsiyetine sahip çıkan, "Renkli olacağım" diye kendini yırtmayan, ne yapacağı belli olmayan, az bilgili çok sezgili bu kadına hastayım. Gün geçtikçe bilgi düşmanı oldum, insan öğrendikçe birbirine benziyor, "doğru yaşam ve doğru insan"ın içine hapsoluyor. Hepimiz aynı fabrikadan çıkmış gibiyiz, on yılda bir fabrika değişiyor, kuşak farkı denilen mevzu oluyor. Fabrikasyon kadını korkak, kıskanç... Kendini gerçekleştiremedikçe öfkesi artıyor. Kimisi kendiyle tanışıp, kendi olmayı beceriyor, kimisi ise büzülmüş dudakları, kızgın bakışlarıyla seyrediyor kendine kavuşanları. Yaşanmamış hayatlar, unutulmuş hayaller, söylenmemiş sözler, coğrafyanın kadın tarifinin özüdür. Memleketim kadınını sakatlar, cinsiyetiyle sınar ve günün sonunda cinsiyetsizleştirir. Malum memleketin ahlakı, namusu cinsellikte gizlidir. Yere bakarak yürümenin edepli olma manasına geldiği coğrafyadır burası. Kadının bedeni toplumun tekelindedir ve bu bizim en sağlam ahlaki raconumuzdur. Hikâyenin teklediği yer aynı. Kadının günün birinde evlenmesi ve malum erkeğini memnun etme beceriksizliğiyle başlar. "Değiş Tonton" vaktidir. Kendini serbestlememeye programlanmış genç kadının kendini yok sayma, ezber evli barklı kadına dönüşümü başlar. Kendiyle bırakın barışmayı henüz tanışmamış kadın, cinsellikle ilişkisini de ezber üzerinden okur. Koca memnun edilecektir, vazife belli. Final neredeyse daima aynı, doğurulan çocuk, vedalaşılan vazife. Birbirini azalttıkça bir avuç kalan kadın milleti, memleketimin renksizliğinin hem sorumlusu hem mağdurudur. Ezber bozmak zor mevzu, kabul. Ancak ne vakit gönül sesini dinleyen, kendi doğrusunu arayan genç kadınlar görsem derin bir nefes alasım geliyor, pek keyifleniyorum.

Anne-kız ilişkisi karışık mevzudur. Olanı olmayanı, mayası tutanı tutmayanı vardır, hepsi kabul. Ancak bu ilişkinin belirleyicileri vardır, seyredilen anne, seyredilen kadın kimliği, vazgeçilen kadın kimliği, engellenen genç kadın, desteklenen genç kadın, mahalle baskısı, liste uzar gider.

Kız, annesini seyreder. Annesinin uzantısı olmak, ona benzemek ile ondan farklı olmak arasında dolaşır. Hikâyeyi biliriz, kız çocuk, genç kıza dönüştüğü, âdet gördüğü vakit, annesinden esaslı bir tokat yer. Memleket, genç kıza ilk mesajını bir diğer kadın aracılığıyla verir. Mesaj açıktır, artık kadın olma adayısın, ayağını denk al. Bir kadının, diğer bir kadınla ilişkisi burada başlar. Hayattaki vazgeçişler, kadın olmanın kısıtları, oğlanlarla konuşurken yanlış anlaşılmama, anne ile babanın kadın ve erkek olarak seyredilmesi bu vakitlerde başlar. Anne cinsiyetini geri çekerken, kız çocuğu cinsiyetiyle tanışır.

Evvelden hikâye böyleydi. Tokat yenir, sınıf atlanır, toplumun malzemesi haline gelinir, yapılacaklar ve katiyen yapılmayacaklar listesi ezberlenir, kadın olma yoluna çıkılırdı. Böyle başlayan bir yolculukta ne kadar kadın olunur, ayrı mevzu.

O vakitler kadının kadınla ilişkisi böylesi tatsız sularda başlardı. Anne, vazgeçtiği iktidarının sessizce yasını tutarken, kız heyacanlı, hevesli ve kaygılıdır. Evdeki yaşlı kadın ve hayattaki genç kadın... Bu durum anne olmuş her kadının vakti gelince yaşadığı, bayrağı kızına verirken vazgeçtiği kadınlığının hikâyesini anlatır. Ne annelerin ne kızların itirazının olduğu bu durum, öyle yaşanır giderdi.

Altyazıyla hepimiz, kadın olmanın bir ömrü olduğunu, kızımız büyüdüğünde, cinsiyetsizleşmek lazım geldiğini okurduk.

Benim gençlik yıllarımda anneler zaten kodlanmış gibi geri çekilirdi. Bolca anne, pek az kadın olurlardı. O vakit dert yok! Sen sağ ben selamet, çabuk tükenen gençlik ve hızla yükselen annelik. Hele çocuklar ergen vakitlerine gelip delikanlı, genç kız olarak tariflendiğinde, yetişkin genç kız annesi olunduğunda, kayınvalideliğe hazırlık yapan anne, ağır aheste orta yaşlı kadın elbisesini giyer, kadınlık mevzusuyla vedalaşırdı. Bu durum yazılı çizili olmayan, ancak memleketin mutlak doğrularından süzülüp gelen bir mevzuydu ve uygulanırdı.

Anneler ödedikleri bedeli kızlarından tahsil eder, onların kadın olma macerasına müdahil olur, kızları evlendiği vakit yeniden o evin esas kadını olmaya oynarlardı.

Şimdilerde öykü değişti, anneler kimliklerini koruma, hayat heveslerini devam ettirme mevzusunda kararlılar.

Anne olunca eteğin diz altına indiği günler tarih oldu. Anne-kız ilişkisi, hayata dair hevesleri olan iki kadının ilişkisine dönüştü. Bu zor, fakat lezzetli ilişki kadının kadınla ilişkisinde yeni bir tarih yaratacaktır.

Bu öykünün sihri, anne kadının kızıyla kurduğu ilişkisinde, kendi kadın kimliğinden vazgeçmeden, başka bir küçük kadının varlığını onaylayarak, beğenerek seyretmesinde.

Bir kız çocuğunun genç bir kadına dönüşmesini seyretmek tadına doyulmaz bir hikâyedir.

Eski vakitlerde erken yaşta doğurulur, anne olmakla sınıf atlanırdı. Hele kızı evlendiğinde yani kayınvalide olduğunda muhtemel yaşı 40'ların başı, cinsiyet falan hikâyeydi... Sosyal ezber buydu, alan da veren de memnundu.

Sıkıntı 40'ında kadın olmaktan vazgeçmeyince başladı.

Nasıl hem anne hem kadın olunacaktı? İşte tam o vakitler anne-kız rekabeti kelamı hayatlarımıza girdi. Madem anneler oyundan çıkmıyordu, kızlar ne yapacaktı?

Malum, bir eve bir kadından fazlası olmaz, sözleriyle, gözleriyle kapışırlar. Anne 50'sinde, hayatının ikinci baharında, yaşayası var, gülesi, beğenilesi var. Kız 18'inde, hayatının ilkbaharında, yaşayası, gülesi, beğenilesi var.

Durum budur!

Bir adım geri çekilen ve fakat hayatından ve hayallerinden vazgeçmeyen anneler, kızlarına "Hadi" derler, "hadi korkma, mahalle baskısını unut, sen bir kadınsın, bunu gururla taşı, kendini takip et, bedenin de ruhun da önce senin, istersen sevişirsin elbet ama istersen, istenirsen değil!"

Kız çocuğu genç kadına dönüşürken, kafası da, ruhu da karışıktır, annesini anlamaya da, onun tarafından anlaşılmaya da ihtiyacı vardır.

Bu, "Anne de olurum kadın da, üstüne bir de kariyer yaparım" kadınları, kız çocuklarını pek sevdiler ve anne olmanın raconunu değiştirmek için kolları sıvadılar. Gün onların günüdür...

Kendi anneliklerini yeniden tarif edecekler. Yeni ve yenilenmiş annelik, iş-güç, eş-dost sahibi olmayı ve evlilikle de annelikle de bunlardan vazgeçmemeyi önemser. Daha geç yaşlarda anne olan bu kitle, kendi annelerinin kayınvalide olduğu yaşlarda, "İşim gücüm hafifledi, ancak kadın olasım var" tadındadır ve pek tatlıdır. Bahsim, daima genç kız tonlamasındaki, 25 yaşa demir atmış ergen anneler değil, olgunlaşmış, yaşlanmış ve güzelleşmiş anneler. Farkı fark etmek kıymetlidir.

Anne olmak, hele bir kız çocuğun annesi olmak tekâmül isteyen bir durumdur. O sizi, siz onu seyredersiniz.

Ezcümle, kendi hayallerimizden vazgeçmeden, genç bir kadına ve onun hayallerine, hayatına yer açmak lazım. Çok dinlemek az konuşmak, çok sevmek hiç koşul koymamak, hata yapmasına müsaade etmek, öğüdün bir tek verene yaradığını unutmamak, kendi hayatını anneliğe satıp onun hayatını satın almamak gerek...

Kızınız varsa kendinizin ve kızınızın kıymetini bilmenizi, kız çocuğu annesi olmanın lezzetine varmanızı, onu kurda kuşa yem etmemenizi dilerim...

Anasının kuzusu: Oğullar

Bazı analara söyleyecek lafım yok,
öyle istemişler; kendi yaşadıklarını yaşatmak
istemişler, anneleri tarafından sakatlanmış
olan kocaları nedeniyle mutsuz olmuşlar ve
buna rağmen kendi oğullarını sakatlamayı
münasip bulmuş, oğullarını hayatlarının
tedarikçisi ilan etmişler. Coğrafyanın
bataklığında yaşamışlar, mutsuz olmuşlar,
yeni hikâye yazamamışlar... Fena.
Ve fakat oğullara söyleyecek laf çok!
Oğullar, hikâyeyi doğru okuyacak,
kırmadan dökmeden yeni hikâye yazacak,
ne anasını ne karısını heba edecek,
hakkaniyetli olacak ve iki kadının
arasından çekilecek, ötesi yoktur.

Bu anne-oğul mevzusu az konuşulur ve sevilesi bir durum değildir.

Malum, oğul, vakti geldiğinde başka bir kadına teslim edilecek olandır.

Memleket bu mevzunun mağduru ve mağdur edeni olarak ömür geçirmiş kadınlar diyarıdır ve hepsi bu mevzuda ihtisas sahibidir.

Anneler oğullarını çok severler ve hayatlarının oğullarıyla tamamlanacağını düşünürler. Eksik kalmış hayatlarının beyaz atlı prensi bulunamamış, koca iyi çıkmamıştır. O vakit, bir oğul doğurulacak ve eksik tamamlanacaktır.

Oğlan çocuğu en sade tarifiyle, "annesinin karşılanmayan isteklerinin tedarikçisi"dir ve babasının annesine çektirdiklerini telafi etmek üzere yetiştirilmektedir. Anne oğlunu kaybetmekten, babasına benzemesinden, hayırsız çıkmasından çekinir. Bu mesele atlatıldı, oğul dayıya benzedi, anasının kuzusu çıktı ise, oğlanın evlilik vakti gelene kadar rahatlanır, o vakit de "Kısmet" denir.

Kız çocuk ise zaten her koşulda kaybedilmez; evlenir, boşanır, anne olur, ancak bir annenin evladı olmayı hep önde tutar. Anneler kızlarını çok severler, ancak daha da çok güvenirler.

Kız evlat, hayırlı olacağı neredeyse garantili, kaderinin iyi olması mühim olan, ailenin daimi üyesi ancak aynı zamanda da gidecek olanıdır. Başka bir annenin oğluna eşlik edecektir, damat iyi çıkarsa iyi, kötü çıkarsa kötü olacaktır.

Mevzu, çok sevilen ve fakat az güvenilen oğul, annesinin fedakârlığının altında ezilene kadar devam eder. Anne saçını süpürge etmiş, çocukları için hayatından vazgeçmiştir ve fedakârlığın dibi bulunmuştur.

Memlekette anne oğul ilişkisi bildiğimiz mevzudur. Oğlanın eli sıcak sudan soğuk suya sokulmaz, istekleri yapılır, delikanlı olunca üstüne gidilmez, hafif hafif kocadan yakınılır, ayar kaçırılmaz.

Fedakârlığın, ezilmenin ayarı kaçarsa olmaz, oğlan pısırıklaşır, çok serbestlenirse kuş elden uçar. Bu hassas ayar oğlan annelerinde kendiliğinden vardır.

Ve neyse ki her kadının mülkiyetinde önce bir koca sonra bir oğul vardır ve baki olan iyi-kötü, kocadır.

Oğul, uğruna mücadele edilecek, lüzumunda küsülecek olandır ve fakat asıl öykü iki kadın arasında yaşanacaktır. Kadınlardan biri genç, diğeri yaşlı; biri kaygılı, diğeri hevesli; biri kaybeden diğeri kazanan olmaya aday. Anasının kuzusu, ciğerinin köşesi oğul kaybedilmektedir ve anası, kuzusunu gülen yüzü, ağlayan kalbiyle yolcu etmektedir. Oğluna hayran anne, oğlunu kaybeden anneye dönüştüğü vakit, annenin elinde, cebinde başka kimlik yoksa durum fena. Anne artık korkulası kadın haline gelir. Kayıp kabul edilemezdir ve nihayet her anne-kadının hayalindeki Valide Sultan olma vakti gelmiştir. Öykünün devamını çoğumuz biliyoruz, Hürrem gelir ve kazananı olmayan savaş başlar. Anasının mı karısının mı kuzusu olacağının belirleneceği savaştan oğul-koca birisinin kuzusu yahut kurt olarak çıkar.

Oğul-koca ya taraf olup kimliğini kaybeder yahut herkese eyvallahsız adam tadında dolaşır.

Pek sevgili anneler, oğlunuzun tedarikçi olmak zorunda kalmadığı, kocanızın yerini yurdunu doldurduğu, oğlanı güle oynaya serbestlediğiniz bir hayat dilerim.

Babalar, evin yalnız adamları

Anneler çalışmaya başlayalı beri babalık tarifi değişti. Malum, baba olmak öğrenilesi bir durumdur ve annenin onayından geçmeden yol alınmaz. Annenin mutlak iktidarı sularında başlayan ve anneden icazet alınarak devam eden babalık, önce ürkek, sonra kızgın ve nihayet yalnızlaşmış bir adamın öyküsüne dönüşür. Babalar evin yalnız adamları haline geldikçe kızgınlaşırlar. Kalıcı misafir teşrif ettiğinde, yeni anne ilgi vs. ne var ne yok yeni babadan alıp çocuğuna transfer ettiğinde, babanın yalnız günleri başlar. Sarsılmaz ikili, anne ve çocuk, annesine bağlı ve bağımlı çocuk ve çocuğu için dünyayı yıkarım tonlamasında anne evi işgal eder.

Çocuk ele avuca gelene kadar babaların ahvali üç aşağı beş yukarı böyledir. Babanın karısı, çocuğun annesi olan şahsiyet yorgun ve güçlüdür. Babalık tam da bu vakitler, çocuklar 2-3 yaşlarına gelip, anneden ufak ufak ayrılmaya, dünyayla tanışmaya başladığında icra edilmeye başlar.

Baba, dış dünyanın temsilcisidir ve çocuk için dünyaya açılan penceredir. Pencerenin kırığı döküğü, şekli şemali, çocuğun dış dünyayla ilişkileri ve benlik gelişimi için belirleyicidir denir.

Baba-çocuk ilişkilerine yönelik yapılmış pek az çalışma vardır ve bunlardaki ortak görüş, oğulun babasıyla ilişkileri doyumluysa, babası ona model olabiliyorsa ve baba da oğlunu kendi fotokopisi yapma hevesinde değilse böylesi baba-oğul ilişkilerinin oğulları iyi erkekler olur.

Babalar ve kız çocuklarla ilgili çalışmalarda mevzu, kız çocukların seçtiği eşler, yaşadığı evlilikler üzerinden okunur. Bilgi şöyle: Babasıyla onaylandığı, sevildiği bir ilişki yaşayan kız çocukları genç bir kadına dönüştüklerinde kendine güvenleri ayarındadır ve bir erkek tarafından sevilmekle ilgili endişeleri de pek azdır.

Babalık dış dünyayı, iktidarı koruyup kollamayı temsil eder ve kıymetlidir. Babaları tarafından sakatlanmış çocuklar üzgün olur, kızgın olur ama en çok ve neredeyse daima endişeli olur. Bitmeyen ve niye olduğu anlaşılamayan endişe, elbise gibi giyilir ve her an kötü bir şey olabilir tonlamasında yaşanır.

Ve fakat çocukların babalarıyla ilişkisi bizim gibi kendi ezberinde boğulmuş memleketlerde, ezber değiştikçe değişir. Eskinin mesafeli, sert, çekinilen babaları ile bu vaktin babaları epey farklılar. Kendi rengine itimat eden, içinden geldiğince yaşayan şahsiyetleri sevmeyen memleketim uzun yıllar babalığı otoritenin dibini bulan, gevşekliğin yakışmadığı, ciddi bir kurum olarak tarifledi. Bunun dışındaki babalık Allah muhafaza, çocukları yoldan çıkarabilirdi ve bunun göze alınmasının mümkünü yoktu.

Evvelden babalar karılarıyla da, çocuklarıyla da mesafeli, çekinilen adam olunan, son karar verici tonlamasında ve mutlaka ciddi bir ilişki kurarlardı. Annelerin aracı kurum vazifesi gördüğü baba-çocuk ilişkisinde kimi mevzu babadan saklanırdı ve bu durum hikâyenin en birinci raconuydu. Anne ve çocukların kurduğu koalisyonun sırları olurdu ve bu durum koalisyonu güçlendirirdi. Babaya söylenmezdi çünkü o kızardı ve adına aile denen, anne ve çocuklar ortaklığı ile yalnız ve ters mezhep adam babanın hikâyesi yazılırdı.

Babaların kızlarıyla ilişkisi aidiyet ihtiyacını karşılamazken, oğullarıyla ilişkisi rekabetin sert sularında dolanır. Babalar ve kızlar son zamanlarda filmlere konu oldu, romanlarda baba-kız ilişkisinin kahraman oluşu da yenidir. Baba-oğul ilişkisi ise filmlerin, romanların eski ve eskimeyen mevzusudur.

Baba-kız ilişkisinde, ezel evvel kız çocuk korunur, kollanır, sevilir, gösterilmez ayrı mevzu, kızlar babalarına 'çok seviyor ama gösteremiyor' efsanesiyle bağlanır ve duygu gösterememenin çok hassas olmakla ilişkili olduğuna inanırlardı.

Babalarını çok seven, az ilişki kurabilen bu genç hanımların babalarıyla sahici ilişkileri, evlenip başka bir adamın karısı olduklarında başlardı. Baba, kızını başka bir adama devrettiğinde, rahatlar ve kızıyla yakınlaşırdı. Görev başarıyla tamamlanmıştır, kız çocuğu sağ salim yetiştirilmiş, bir adama emanet edilmiş ve rahatlanmıştır.

Oğlan çocuk ise eski babaların illa istediği, hatta oğlanı bulana kadar devam edilen, evliliklerin kıymetli meyveleridir. Soyadının sürdürülmesi ve yaşlanıldığında oğlan ve gelinden hizmet alacak olma meselesi erkek çocuğun önemini artırırdı. Şimdilerde, oğul ve şürekâsından yaşlılığımın garantisidir deyip bakım hizmeti alma meselesi tarihe gömülmüştür ve hizmet de, garanti de kız çocuk tarafından sunulmaktadır. "Kızı olan şanslıdır" şekliyle hayatımıza intikal eden bu durum epey yenidir. Evvelden oğullar, ailenin gelecekteki direği, kıymetli meyveleri idi ve fakat babaları tarafından neredeyse daima dövülerek ve sövülerek büyütülürdü. Memlekette yaşı 40 civarında olup, tarihinde dayak arsızı olmamış pek az erkek vardır. Babaların oğullarıyla barış imzalaması uzun yıllar alır, muhtemel baba yaşlanır, dede olur, olduk olmadık yerde gözleri dolar ve nihayet oğul sihirli cümleyi söyler: "Babam bizi çok sever ama gösteremez!"

Bu, eski vakitlerin yaygın babalık şeklidir, şimdilerde de bu özelliğini koruyan babalar var elbet, ancak yaygın hal bu değil. Bu vaktin babaları misafir sanatçı olmayı reddettiler ve kendi babalarıyla kurdukları yahut kuramadıkları ilişkileri elden geçirdiler. Kendi meselelerini tamamlamadan babalık yapmanın zor mevzu olduğu, kendi babalarının duygularını gösteremeyişi, korkulan olmanın yakınlaşmayı baltaladığı, nasihatin bir tek verene yaradığı, dayakla terbiye etmenin mümkün olmadığı, yeni babaların kafa yorduğu mevzulardır ve kıymetlidir.

Kızlar babalarıyla ilişkide tanıdıkları ilk erkeği, bir erkeğin kadına davranışını ve kendisinin bir erkek tarafından ne kadar sevilebileceğini görürler. Bu sevilmeye layık olma durumunun ilk test sürüşü babanın sevgisiyle yapılır. Babaları tarafından, koşulsuz, dolu dolu sevilen ve hayranlıkla izlenen kız çocuklar, sevilmeye layık olduklarına ikna olurlar ve karşı cinsle pek az dertleri olur. Aidiyetsizlik, duygusal olarak güvende hissetmeme, yetecek kadar sevilmeme, beğenilmeme duygularıyla yetişen kız çocuklar ise erişkin kadınlar olduklarında, ya babadan alamadıklarını kocadan tahsil ederler ve talepkârlığın zirvesindedirler, yahut bir lokmacık sevilmeye ömürlerini adarlar, yahut kimseye eyvallahsız ve duygusuz yaşamaya yeminlidirler. Bu hikâyenin final seçeneği çoktur ve ortak payda bu kadınların endişeli oluşudur.

Oğullar ise özdeşim yapacağı babayla ilişkisinde, bir yandan babasına kafa tutar diğer yandan onay ister. İki erkeğin iktidar mücadelesine sıkışıp kalmaz ise yeni babalık ve oğulluk epey irtifa kazanmıştır. Yeni babalar, otoritesi daha az, muhabbeti daha çok olan bir baba-oğul ilişkisi istemektedir. Ayarı tutturanların oğullarının kendileriyle de, kadınlarla da arası iyicedir. Babalar model alınırken, bir adamın bir kadınla ilişkisi de repertuvara eklenir ve vakti gelince çıkarılır. Oğulların babalık yapışı, maruz kaldıkları babalıkla yakın temastadır ve babalık geçmişte seyredilen babayla sahip olunan çocuktan öğrenilir. Kendi oğul olma meselesini temize çekmiş, babasından aldıklarını da alamadıklarını da kabul etmiş, "Yaşadıklarımdan iyisiyle kötüsüyle öğrendiklerim var, eklediklerim, çıkardıklarım var" diyen adamların babalığı da, kocalığı da pek güzel olur.

Gelelim dilek kutusuna: Pek sevgili babalar, çocuklar siz olmadan tamamlanamıyor, lütfen bunu aklınızdan ve gönlünüzden çıkarmayın. Çokça sevip kucaklamak, arkasından değil yüzüne övgü aktarmak, iktidar alanından vakti gelince geri çekilmek mühimdir. Muhabbeti yaşamak için dedeliği beklemeyin.

Ve pek sevgili anneler, söylemeden geçilmez, babaların çocuklarıyla kurdukları ilişkiden elinizi eteğinizi çekin lütfen. Kolay gele.

Memleketin terbiye etme biçimi: Mağduriyet

Bir toplantıya katıldım.
Konu "Hoşgörü", konuşmacı ben,
duygu "yalan dünya".
Seçilmişlerle beraber seçilmemişlere nasıl
hoşgörü göstereceğimizi konuştuk.
Sahici konu başlığı: Hor gördüklerine
hoşgörü göstermenin yolları!
Altyazı: Yalan dünya.
Ben kendimi hoşgörülü saymam. Hoşgörü
denklik ister, sizden farklı ve dünyanın
kabul buyurduğu yükselen değerlere göre
aşağıda olana dair ve sahici eşitlik
duygusu barındırır ve doğru yaşam
çizelgesi içermez. Şişkin egolarımız,
ince ince işlenmiş hayatlarımız ve o
bilen halimizle ne hoşgörüsü?

Nedir bu kadın milletinin biriktirme hali. Biriktirme; azına-çoğuna bakmadan, içi şişene, ruhu kararana, hayatı ezilene kadar biriktirme...

Vahşi kadın diktatoryası, biriktirdikçe hem kendisini hem de partnerini anıların karanlığına mahkûm ediyor. Birikenler de birikecekler de sıkıntı, elem, keder, öfke dolu.

Kadının kurtuluşu ne adamda, ne kariyerde, mağduriyetinden beslenmemeyi öğrenemeden kadının adı yok.

Son vaktin modası affetmek değil söylediğim; unutmak hiç değil, hayatımızı ister aynı insan ister başkasıyla sürdürelim, elden geçirmeli, sallamalı, yenilemeliyiz. Bazılarının altını bazılarının üstünü çizmemiz, önümüze çıkmalarını önlememiz, mağduriyetlerimizi anıların karanlığında serbestlememiz, öğrenmemiz ve yol almamız gerek.

Yoksa mağduriyet kimliğimiz haline geliyor, şikâyet ediyoruz, konuşacak konumuz oluyor, eş-dost ahbap, "Haklısın" diyor, "haklısın, sabret. Senin günlerin de gelecek!"

Mağduriyet acayip bir duygudur. İyi-kötü, hepimizin yaşamışlığı, yaşatmışlığı vardır. Güçlü, lezzetsiz, doyurucu, kolay alışılıp zor vazgeçilen bu duygu sinsice yol alır ve kendimizi şaşkınlıkla mağduriyetimizi korurken buluruz. Memleket mağduriyeti iyi tanır ve sever. Sosyal, siyasal, duygusal mecralarda mağdur hikâyeleri dinlemişliğimiz ve üzülmüşlüğümüz vardır.

Daima prim yapan bu hikâyeden bir de sahiden kurtulmaya çalışanlar, mağduriyetini madalya gibi takmayanlar vardır ki, onlara şapka çıkarılır. Mağdur olmuş ve fakat bunu kimlik haline getirmemiş ahali hiçbir vakit mağdur eden haline gelmez. Tekâmül eder, hırpalanır, mücadele eder, vazgeçer, umudunu kaybeder, hepsi olur ancak mağdur eden olmaz. Bu önemli ve kıymetlidir.

Mağduriyet-mağdur olma, hakkı yenme, ezilme hali kimden gelirse gelsin, hangi sosyal gerekçelere sahip olursa olsun kötüdür. Mağdur hakkı yenendir, yaşı, cinsiyeti, sosyokültürel ayrıcalığı yoktur.

Hepimizin muhtemeldir mağdur edilme ve etmeyle ilgili anıları vardır. Malum memleketin terbiye etme biçimi, içinde mağdur etmeyi barındırır. Ebeveyn çocuğunu, kayınvalide gelinini, koca karısını, kadın kocasını, öğretmen öğrencisini mağdur eder ve bu durumun memlekette bir açıklaması vardır. Terbiye ve gelenek böyle aktarılmaktadır. Mağduriyetini kimlik haline getirmiş kişi, yarının mağdur edeni olacaktır, herkes sırasını beklemelidir.

Misal; yaşlı kadın ve adamları seyreder misiniz? Çoğu vakit adamlar ezik, kadınlar öfkelidir ve hafif ittirip kaktırma ile adamları yönetirler. Markette, sokakta karşıdan karşıya geçerken, hastanede, restoranda, gündelik hayatın muhtelif alanında yaşlanmış ezik adamlar ve yöneten tombul kadınlar seyrederiz. Malum, mağduriyetinden beslenen her mağdur, günün birinde mağdur eden haline gelecektir.

Höt zöt adam yaşlanıp işini gücünü kaybedince, fiziksel beceriksizleşince, erkek olarak değil yaşlı olarak tarif edilmeye başlayınca hesap günü gelmiştir. Kadının adı vardır, sevilesi mağdur anne, eskinin huysuz şimdinin ezik adamı-babayı gözüyle, sözüyle hırpalamaktadır. Oyun aynı kalmıştır ama iktidar el değiştirmiştir. Mağdur olan yaşlanmış erkek ile mağdur eden yaşlanmış kadının oyunu başlamıştır.

Hikâye muhtelif, kayınvalideden çok çekmiş çektiren kayınvalideler, babasından yediği dayağın hesabı tutulmaz dayakçı babalar, siyaseten varoluşunu mağduriyetten alan bu günün mağdur edenleri ve daha kimler kimler. Biz bu malzemeyi iyi biliriz. "İntikam soğuk yenen bir yemektir" deriz ve bekleriz, elbet vakit gelecektir.

Vakti gelince mağdur edenlerin, vaktiyle yaşadıkları mağduriyetle temize çıkamayacaklarını, meselenin sıranın gelmesini beklemek olduğunu, mağdur edenin de, olanın da aynı hamurdan olduğunu, hamurun da işe yaramaz olduğunu görmeyi ve unutmamayı dilerim.

Egodan bahsetmeden olmaz!

İnsan canlısı kendini ehlileştirmeye bir ömür adıyor, öğreniyor, evriliyor, devriliyor, yine tekliyor, yine tıkanıyor. "Tamamdır, oldum" diyor, yeni yepyeni olmamış bir yanı ortaya çıkıyor.

Misal hasetle tanışıyoruz, aidiyetin karanlık sularında dolaşıyoruz, yahut şefkatle eziyoruz dünyayı.

Adına ister tekâmül ister sahici kişisel gelişim diyelim, günün sonunda hayat, en önce ve en çok kendiyle baş etme meselesidir. Kendiyle baş etme, kendiyle tanışma, ego denen nane ne ise onunla hasbıhal etme, hayatın ve kendinin şefkatini de şiddetini de kabul eyleme, mevzunun ömürlük olduğunu, insanın çiğ ve pişmeye hatta yanmaya ihtiyacı olduğunu bilmek lazımdır.

Yeni tarifiyle egomuzu yönetmeli, kontrol etmeli hatta elden geçirmeliyiz.

Ego, terapi odalarının baş kahramanı, psikiyatrinin, psikolojinin sihirli malzemesidir.

Ego iyidir, kıymetlidir, lazımdır; bir yandan dürtüler öte yandan dış dünyanın kuralları arasına sıkışmış, kendine yer açmaya çalışandır ve benliğin ta kendisidir.

İç dünyanın dürtüleri ile dış dünyanın doğru yaşam kılavuzu, egoyu bir yandan sıkıştırırken diğer yandan kendine doğru çeker.

Dürtüler hâkim olur, ego dürtülerin malzemesi haline gelirse, dürtüler önde, siz arkada gidersiniz. Dürtü dediğimiz durumlar malum; cinsellik, açlık, şiddet... Yok, duruma süper ego yahut diğer söylenişiyle dış dünyanın kuralları hâkim olursa bu defa yapılması gerekenler listesinin uygulayıcısı gibi dolaşırsınız. Bizim kadersiz ve sıkıştırılan egomuz ise bu iki alanı dengelemeye uğraşır.

Magazinel söylenişiyle yetersiz ego silik, şişkin ego küstah insan üretir. Egolu olmak, egosuz olmak, egoları için yapıyor olmak, egosunu ezip geçmek, hepsi son yılların garip ego tarifleri.

Oysa tüm bunlarda benliğimizden bahsediyoruz, kafası ezilecek, görüldüğü yerde imha edilecek bir malzemeden değil. Ego iyidir, önemlidir, vazifesi çoktur, iç dünya ile dış dünya arasında ayar tutturmak için uğraşır durur. Ayarı tutturmuş ego ise kendini ne ezer ne parlatır, kendi gerçeğini görür, gelişmek, büyümek ister.

İşte tam da burada engeller güncellenir. Misal öfke bir duygudur ve esneyebilir. İnsanın hâkimiyetini ele geçirmezse egonun yoluna çıkmaz. Nihayetinde öfke tanıdık bir duygudur, gündelik hayatta içeriden yahut dışarıdan yoklar, duruma bakar, bazen kendi kendini ıslah eder bazen akar gider.

Öfkesini seven, besleyip büyüten, "Huyum bu, ne yapayım" diyen ise iflah olmaz. Marazi hale gelmiş ayarsız, coşkulu, kendi gücü ve sesiyle beslenen öfke, baş edilemez hale gelir. Kendi dürtümüzün coşkusuna kapılırsak, hayat yolculuğumuz, gelişme hevesindeki benliğimiz sekteye uğrar. Malum ve meşhur egomuz işgal edilmiş, beslenecek malzemesini bulmuştur. Ego dürtülerden beslendiği ve dürtüleri yönetemediği vakit, kişi de kimlik de dürtü elbisesini giyer. Tanıdığı yahut tanımadığı insanlara ayarsız ve coşkulu öfke hatta kin duyanlar vardır ya, işte onlar varlıklarını böyle beslerler ve öfkenin esiri, bağımlısıdırlar.

Sosyal ve siyasal mecralar bunun örnekleriyle doludur.

Kayınvalideye, baldıza hissedilen ayarsız öfke ile aynı coğrafyanın insanlarının birbirlerine duyduğu coşkun öfke kapı komşudur. İnsanlar da, gruplar da ayarsız öfkeyle şahlanır, bununla kimliğini besler, "bir şey" olur.

Başka misal verelim, dış dünyanın baskısına karşı koyamayan ego, ezildikçe ezilir ve nihayet kendi olmaktan çıkıp toplumsal kuralların yansıması olur. Ego kendisi olmaktan çıkıp, kabul gören, karşı çıkılmayan hatta toplum tarafından örnek gösterilen haline dönüştüğünde artık süper egonun düdüğü ötmektedir.

Süper ego çocukluk döneminde büyüklerden etkileşimle gelişir ve toplumsal yasakları içerir, suçluluk, utanç duyguları ile dürtüleri kontrol etmeye çalışır.

Buraya kadar şahane... Dert, süper ego, egoyu ve dürtüleri ezip kimliğe hâkim olduğunda başlıyor. Kraldan çok kralcı olunacaktır, hata yapılamaz, yemeden içmeye, oturmadan kalkmaya, nasıl yaşanacağı, nasıl hissedileceği, nasıl davranılacağı bellidir. Farklı davranan, farklı hisseden kabul görmez.

Bildiğimiz hikâyedir, ne hissedeceğinin bile belirlenmiş olduğu, nasıl davranacağının zaten ezbere bilindiği bu durumu memleket iyi tanır.

Birbirine benzeyen korkakları yaratma tarikatı, farklı olanın sevilmediği, evlerin de insanların da birbirine benzediği, renk yelpazesinin gri ile siyah arasında dolaştığı, duyguların suçluluk, günah, yasak koktuğu insan manzaralarını çokça yaşamışlığımız vardır.

Ezcümle, benlik/ego, dürtülerimiz ile toplumsal yasaklar arasındaki çatışmayı, yarışmayı yönetip, barış tesis etmeye çalışır. Ego, akıl, sağduyu barındırır, gerçeklikle çalışır, kıymetini bilmek önemlidir.

Hayatla baş etmek için hepimizin çeşit çeşit yolları var, kimini kendimizle getirirken kimini öğreniyoruz. Dürtülerimiz, benliğimiz, içinde yaşadığımız coğrafyanın ezberleri, kolektif bilinçaltı bizi bir kıvama getiriyor. Ne kadar ahenk o kadar iyi, o kadar gerçek.

Dürtüler ve dış dünyanın kuralları ayar tutturursa, bir yandan dürtülerimiz diğer yandan dış dünya sulh içinde, ego keyifli, yaşar gideriz. Ne dürtüler, ne toplumsal kurallar kötüdür, kötü olan dengenin bozulması ve egonun herhangi birinin hâkimiyetine girmesidir.

İnsanı ister genetik yazılımıyla ister sosyolojik yanıyla okuyalım, elimizdeki en gerçek bilgi insanın öğrenebilirliğidir. Bu mevzu derin. Hayatı ne vakit kendi üzerimizden okuyoruz, gerekçelendirmekten vazgeçiyoruz o vakit kendimizi görüyoruz.

Çıplak, kıskanç, kızgın, korkak, iyi, kırılgan...

İşte o zaman macera başlıyor. Fenalıkların başını ez, ezemezsen paketle, ama en önce fark et. Muhtemeldir ki insanın duygusal yelpazesinin içindeki bu duygular aynı zamanda onun kişisel dersidir. Kendinden insan yaratma macerası başlar, meşhur içgörüyle tanışılır. İçgörü zor mevzudur; bokunu püsürünü göreceksin, hırslı, hain, ezik, ucuz ne var ne yok ortaya serilecek. Önce senin sonra ahalinin önüne. Ezcümle içgörü ağır mevzudur. Yüküyle gelir fakat yüküyle gitmez. İçeri bir ağırlık atar, gider. Mecbur değilseniz kaçın gidin, mecbursanız adabıyla yapmak lazımdır. Gördüklerimizi doğru okumayı, kendimizi fark etmeyi ancak fanatiği olmamayı, hayatın böylesi bir yolculuk olduğunu, mananın önemli olduğunu öğrenmeden yol alınmaz. Sonrası bildik hikâye, kendimizle tanıştıkça yoruluruz, yoruldukça güzelleşiriz.

Gücünüz yeterse kendi ruhunuzla tanışmanızı, ahbaplığın zevkine varmanızı, kendinize samimi olmanın hafifliğini yaşamanızı, yok yetmezse bu mecralardan uzak durmanızı dilerim.

Ayakta kalmak şart mıdır, yoksa mola verilebilir mi?

Eve yalnız dönen kadınlar...
Yalnız ve mutlu olmanın olmazlığına inanan, yalnız ve yorgun kadınlar, oya gibi işledikleri ömürlerini eksik kalmış hisseden, kapıyı açan anahtarla gönüllerini kilitleyen kadınlar...
Sevmeyi unutmuş, sevilmeyi isteyen kadınlar, cesareti az, korkusu bol kadınlar... İşiniz zor, önce hafiflemek sonra gülümsemek lazım.
Bir de yalnızlığın Allah'a mahsus olduğunu, insanın insan isteyesi olduğunu, hata yapmayanın bir şey de yapmadığını unutmamak önemli.
Anahtarları çöpe atın, canınızın yanmasını göze alın. Anlatacak anınız, dinleyecek adamınız olur. Elinizi de çabuk tutun, gün geçiyor.

Yorulmak, kederlenmek, üzülmek, canı sıkılmak, hayattan düşmek ve bunu istemek olağan mıdır?

Hep hazır asker, güçlü ve baş eden olmanın dayanılmaz ağırlığı taşınamaz olduğunda ne olacak peki?

Her koşulda baş eden, sağlam kadın ve erkek olmak için ödenen bedellerin karabasan gibi doluştuğu hesap vakti ne yapacağız?

Olsa dükkân senin, "Yok, bitti" durumu kapıyı çaldığında ne yapacağız ey ahali?

Hükümet gibi kadın olmak, güçlü kadın olmak için vazgeçilen kadınlık, mecburi başarının ve duygu göstermemenin ağırlığı altında renksizleşen erkeklik yeterli bedel ödedi muhtemel ki...

Öyle çok duymuşluğum vardır ki, "Kadın gibi davranılsın, kırılgan naif olasım var" diyen hükümet gibi kadınları ve "Erkek olmanın lanetinden, güçlülük oyunundan yoruldum" diyen adamları. Ayakta kalmayı, daima güçlü olmayı düstur edinmiş bu ahali, "Oyundan düştüm, oynamıyorum, vazgeçtim, mola veresim var" demeyi bilmez. Kendi bilse etrafı anlayamaz, "Bunalımda herhalde" denir; alarm zilleri çalar ve gün gelir karşılıklı otururuz. Hepsi hepsi bir mola veresi, kendi kimliğini esaretten kurtarası vardır. Sessizliğin ve yalnızlığın hâkim olduğu seanslar geçer, bildiği oyunu oynamanın kolaylığı ve yeni oyun istemenin heyecanı kapışır.

Kimi eski oyununa dönecek tahammüle fit olur, korkar, tanıdık olmayan sular için vakit geçtir, "Ha gayret" der, hayatına eklenmiş depresyon ilacı ve onun verdiği ittirmeyle bildik yoluna devam eder.

Kimi ise yeni hayat ister, acemi olmayı, etrafını yeniden yazıp çizmeyi göze alır, "Vira Bismillah" der ve yola çıkar.

Seçim insana ait, doğrusu eğrisi yok, bedeli var, ödülü var, finali var.

Herhangi bir seçime söyleyecek lafım yoktur, ancak kendi kimliğini tek varoluş alanına indirgeyen ahalinin işi zor, bu bir nevi esaret halidir ve bu mevzu elden geçirilmeyi hak eder.

Kaybedilecek, vazgeçebilecek var oluşlara ihtiyacımız var,

kaybettiğimizde yahut vazgeçtiğimizde yok olmayışlara ihtiyacımız var. Nihayetinde insan canlısı bu, güven olmaz, doğrusunu eğrisi yapar, yanılır, vazgeçer. Yeni söylenişiyle "b seçeneğiniz" olsun, hatta yetmez c, d, e...

Bildik hikâye, içinde ömür geçirdiğimiz vaktin yükselen değerleri var; güçlü ve başarılı olacaksın, ayakta dimdik duracaksın, yaşlanmayacaksın, daima güzel ve fit olacaksın, hazzın dibine vuracaksın, her anın film karesi tadında olacak, hayat bir savaştır durursan yok olursun, mücadele edeceksin, yan yana yazınca korku filmi gibi, ayağın takılıp sendeledin mi işin bitti...

Bunlar benim gençliğimin ve orta yaşımın sözleridir, korkak memleketim okur yazar tayfayı burada paketledi, güçlü ve başarılı olmak, feleğin çemberine çomak sokmak demekti. Mevzu, feleğin çeşit çeşit çemberi olmasındaydı sanki; her çomaktan sonra yenisini türetti.

Bir de kadın yahut erkek olmak üzerinden yaşayan, "daima genç kalmak gerekir"in cenderesine sıkışmış insanlar vardır. Kızıyla aynı bedende ve şekilde giyinen, botoksu en yakın dostu olan, gücünü bedensel yaşlanmazlığından alanlar –ki onlar ayrı bir hikâyedir ve durum üzücüdür– genç kalmakla lanetlenmişlerdir ve işleri zordur. Yahut anne olmayı yegâne kimliği haline getiren, fedakâr ve cefakâr ve de çocukları gidince kimliksiz kalakalan anne kadınlar vardır. Hepsi birbirinin kapı komşusudur; kimlik çeşit istiyor, esnemek, değişmek, dönüşmek, vakti gelince de hafiflemek istiyor. Aynı senaryonun farklı tonları gibi, hayat geçer siz aynı kalırsınız, ister fiziksel ister iktidarsal, senaryonun özü budur. İnsanın kendi varoluşunu "tek alan" üzerinden tariflemesi, tek alan sarsıldığında varlığın, kimliğin de sarsılmasına yol açıyor. Varoluş da, kimlik de yenilenmeyi, vazgeçmeyi, yeniden yazılıp çizilmeyi, durmayı ister.

Müsaade etmezsek elimizdeki biricik kimlik malzememiz

ister güçlü oluşumuz, ister daimi genç oluşumuz, ister kutsal ebeveynliğimiz olsun başımız beladadır.

İnsan insanın kurduymuş. Överken de yererken de böyle... Yüksek yeterlilikten açtık mevzuyu, soru belli; vazgeçtim istemiyorum deme şansı var mı?

Neleri bedel olarak vermek lazım bunun için, insanın kendi yapamazlığı ve yetersizliğini kazanması neye mal olur?

Bütüncül bir mevzu mudur bu? Herkesin varoluşunun temel taşları vardır da bu da onlardan biri midir?

Birinin bahtına daima güçlü olmak diğerine ise misal neşeli olmak mı düşüyor? Yahut bize öğretilen azimli ve başarılı olmak bir dönemin mottosu idi ve iflas mı etti?

Şu olur mu peki?

İnsan, içindeki sese kulak verse, sahiden hem bir şey, hem gerçek olsa, kendi gerçeği de, eğrisi doğrusu da hayatla beraber aksa, içerideki ses değiştikçe hali de değişse, dönüşse, kendi gerçekliğinin peşini bırakmasa üzülse, dursa, mola verse, oyuna dönse, vazgeçse... olur mu?

Benim bildiğim tekâmül etmek, olgunlaşmak, gelişmek budur, gerisi ezberdir, korkmaktır, azdır.

Çok olmanızı, çok olmayı, sahiden olmanın yolunu dilerim. Hepinize, hepimize.

İkinci bahar sevgililik vaktidir

İkinci bahar acayip bir vakit, yaşıyorum da oradan iyi biliyorum.

Yaş kemale ermiş, beden de ruh da yavaşlamış, "hayat önden koşuyor biz arkasından" durumu tarihe karışmış, sonbahara beş kalmış, hayatla ne yaşandıysa yaşanmış, başarılı başarısız herkes yaşlanmış, hayatın göz açıp kapayana kadar geçtiği bizzat öğrenilmiş, kalan vaktin kıymeti fark edilmiş, "Yaşadıklarımdan öğrendiğim bir şey var"la başlayan şiirler okunmuş, eski hayallerle vedalaşılmış, yeni hayaller satın alınmış, eski dostların kiminin altı kiminin üstü çizilmiş...

İlkbahar ise zor vakittir, yapılması gerekenler listesiyle harala gürele geçer. Liste kabarık, siz heveslisinizdir, âşık olunur, evlenilir, çocuk yapılır, çocuk hayatınızı işgal eder durumu yaşanır. İş önemlidir, para kazanılır, ev alınır, araba değiştirilir, bir çocuk daha yapılır, uykusuz geceler yaşanır, çocuklar okula başlar, okul hayatınızı işgal eder, aynı evde yaşanır, aynı evde yalnızlaşılır, önce kendini sonra birbirini görmez olunur: "Hayat mücadelesi" denir, "Yorgunum" denir...

"Yapılması gerekenler oyunu", hakkıyla oynanmıştır. Bu oyunu pek seven yahut başka oyun bilmeyen ahali devam eder, sırada çocukların hayatının yardımcı elemanı olmak vardır.

İkinci ve lezzetli bahar pas geçilir, sonbahara demir atılır. Bir grup ise, çoluğa çocuğa selam edip, önce kendine sonra eşe döner, elini tutar ve ikinci bahara adım atar.

İkinci ve lezzetli baharın en kıymetli yanı ise muhtemelen hafifliğindedir. Birbirini ve kendini serbestlediğin, yapılması gerekenler listesinin rafa kalktığı, ne iktidarın ne şehvetin esaretinde olunmayan, şahane vakitler gelmiştir.

Çocuklar evlenip barklanmış, gönül kocamamış, aynı insanla yahut başkasıyla sevgili olunası vardır. İkinci bahar sevgililik vaktidir, aşk iyi gelmez; muhabbet, huzur, anlatma, dinlenilme ve anlaşılma arzusu vardır.

Biz ikinci baharı, sıklıkla, boşanmış yahut dul kadın veya adamların diğer boşanmış yahut dul adam ve kadınlarla kurdukları yeni ilişkiler olarak tarif ediyoruz.

İkinci baharcıların ekseriyeti böyledir, ilk tur tamamlanmış, hayatın acemiliği geçmiş, ustalık vakti gelmiştir.

İkinci bahar ilişkilerinin daha zarif, daha içtenlikli oluşu bundandır. Adamlar pek bir anlayışlı, kadınlar pek bir serbestleyicidir. Ömür gidiyor, an kıymetli, gün kıymetli, ortaklık az, mecburiyet mevzu bahis değil; gençlerin takılma dediği ilişki için şartlar on numaradır.

Fakat ikinci baharcıların sevdalanası vardır ve takılmak değil tanışmak, konuşmak, anlamak, anlaşılmak isterler. Vakit ustalık vaktidir, birbirlerinin hayatlarını dinler, çocuklarıyla ahbap olmaya gayret eder, tersleşen çocuğu anlar ve sakince bekler, eski eşi kıskanmaz, eski eşin kıskanılmasına izin vermez, gönül kırmanın fena olduğunu bilir, küsmezler, çabuk barışırlar. Benim bildiğim ikinci bahar ilişkileri böyledir. Değilse de ikinci bahar olarak tarif edilmeyi hak etmez zaten.

İkinci baharcıların pek az kısmı ise ilkbaharı beraber geçirmiş, ununu elemiş, eleğini asmış ve yeniden hayat yazası olan evli çiftlerdir. Çoluk çocuk kendi hayatına dönmüştür, ana baba olarak boşa çıkan kadın ve adam, yorgun ilişkilerini ve hayatlarını elden geçirirler. Muhabbet etmeyi, el ele tutuşmayı, seyahat etmeyi, gözüne bakarak konuşmayı, çiçek almayı, ruhu okşamayı öğrenme vaktidir.

Ya şimdi öğrenilir ya sonsuza kadar unutulur.

Kendileri ve anıları ile epey kalabalık bir ikili olan, ikinci bahar sevdasında, üstelik birbiriyle yaşamak isteyen çift acemilik, ebeveynlik tarafından işgal edilme hali; ne var ne yok vedalaşıp, ustalaşmaya doğru yol almalıdır.

Yapılması gerekenlerin baskısından sıyrılıp, istemenin, dokunmanın, ayar kaçırmanın, kahkaha atmanın yanına doğru giderken, elde kalan vakit ışıldamaya başlar.

Aynı dönemin ikinci bahara geçemeyen, hazan mevsimine yerleşen ilişkilerinde ise, çocuklarının hayatlarını, tedarikçi yahut müdahaleci kimlikleri ile yaşayan çiftler vardır ve az değildir. Onlar, "Bizden geçti, göresim bile yok" diyen ve ortak hayata devam eden, aynı evde, ayrı odalarda yaşayan, yalnız kadın ve adamlardır.En yakın dostları diziler, yaşadıkları tek hayat çocuklarınınkidir. Adına evlilik dedikleri, şafak sayılan ilişki de kendileri de vaktinden önce yaşlanır.

Adına layık bir ikinci bahar ilişkisi yaşamanızı dilerim. Vakit az, elinizi çabuk tutun lütfen.

Yaşlılık kurtuluş mu, yok oluş mu?

Hey gidi ömür!

Ne vakit geçtin gittin yanımdan. Ben orta yaşımda, anam-babam yaşlılık sularında, kendimizi ve birbirimizi şaşkınlıkla seyrediyoruz. Gençliğin yükü atılmış, onlar epey vakit önce, ben ise yeni yeni hafiflemişiz. Durum şahane derken, yaşlanmak, yaş almak, hayatla alacak-verecek hesabının azalması mevzusuyla tanışıyoruz. Etraf pankartlarla sarılıyor; huzur, ahbaplık, çoluk çocuk, torun torba, bedenin ihaneti, ilaç torbası, günbatımı, tansiyon, anılar, bilgeleşme, yalnızlaşma, beyaz saç, bir türlü kocamayan gönül, küskün gönül...

Yaşlanmanın alameti çeşitlidir fakat muhtemeldir ki en yaygın olanı sıkılmak. Yaşlanmanın en yakın ahbabı olan ölüm yaklaşırken hayat uzaklaşır insandan. Günler sıkıcı, muhabbetler yorucu, renkler soluk, ahbaplar yavan, en fenası gönül küskündür artık.

Niye küskündür bilinmez, küskündür işte. Yaşadıklarına, yaşamadıklarına, en çok da yaşayabilecek olma ihtimalinin yok oluşuna küskündür.

Memlekette ömür uzadı, hepimiz yaşlanmış ana babalarımızla ne yapacağımızı bilemez haldeyiz. Ne onlar yaşlanmayı biliyor ne biz onların kederlerini, acemiliklerini anlıyoruz. Biz şikâyet eden, hayırsız evlat olmamak için debelenirken, onlar yaşlanmanın tanıdık olmayan sularında dolaşıyor. Eskinin yaşlandığı, yaş aldığı için, yaşına hürmeten sevilip sayılma, evin ve masanın başköşesinde olma hali bugün yok. Evvelden memlekette yaşlı insanlar saygı ve hürmetle karşılanır, sözleri dinlenirdi, "Gençlerin aynada göremediklerini, yaşlılar bir tuğla parçasında görür" denir, gençlik ile cahillik eş tutulurdu. İnsan ancak yaşlandığında bilgeleşirdi, bilgi de hayat deneyimiyle sınırlıydı zaten. Yaşlılık kendince bir sınıf atlama haliydi. Zengin-fakir, başarılı-başarısız, iyi-kötü nasıl bir hayat sürmüş olursanız olun, yaşlanmış ve akıllanmışsınızdır. Benim gençliğimin yaşlılık algısı budur.

Yakın gelecekteki kendi yaşlılığımın muhtemel hali ise epey farklı görünmektedir. Bir kere yaşlı olmak artık sık karşılaşılan bir durum ve nadir, kıymetli olmaktan; çok ve önemsiz olmaya terfi etti. Deneyim irtifa kaybetti, bilgi ise "google" demek ve yanı başımızda, üstelik gençliğin daimi oluşuna dair yeni tarikatlar türedi. Fiziksel olarak da, ruhsal olarak da genç olmak bu yüzyılın mottosu...

Daima, ölene kadar genç olmak!

Bu yaşlanma mevzusu çok meşgul ediyor beni. Kim bilir belki mutlu yaşlanmanın sihrini bulabilsek hayatın kaosunu çözeceğiz. Yıllarca Avrupa'nın, bastonuyla, ağır aksak yürüyerek seyahate gelen yaşlı insanlarını anlayamazdık. Ne işleri vardı bu yaşta dünyanın öbür ucunda? Bu yaşlıların, jilet gibi giyinmiş, hayattan alacağının peşini bırakmamış halleri neredeyse komikti.

Yaşlanmayı hayattan çekilme ve böylece saygıdeğer olma kıvamında okuyan memleketim insanı için bu yaşlılar anlaşılamaz ve hafifti. Sonra bizlerinde yaşlılığa bakışımız, yaşlılık anlayışımız değişti, giderek, 65'inde ölen biri için "gençmiş" denilir oldu. Yeni ve yenilenmiş yaşlı/yaşlılık tarifi/tipi ortama sunuldu ve halen el yordamıyla yolunu aramaktadır.

Hayata dair hevesi devam eden, yeni hevesler edinme merakında olan kimi akil kimi değil ve hepsi yaşlı bu insanlar, "modern yaşlılar/genç ruhlular" olarak tarif edildi. Bu grup sevilir ve sever, hırçın değildir, eğlenesi vardır, çocuklarına yük olmamayı hayat düsturu edinmiştir, onlarla ahbaplık etmek ister. Beden kocamış, gönül küsmemiştir. Hayattan alacak da, hayata verecek de devam etmektedir.

Bir de yaşlanmakla ilgili, eski bilgilerini yenilemeyen, hayattan elini eteğini çeken, ancak eski dönem yaşlılarının itibarını göremeyen, yalnızlaşmış, çoluk-çocuk arasın diye bekleyen, alıngan, adanmış hayatının karşılığını bekleyen yaşlılar vardır. Hayatla ahbaplığını dondurmuş bu grup, çoluktan çocuktan, torundan torbadan, kalan eş dosttan şikâyet eder. Onlar kızgın, etrafları bıkkın, hikâye uzar gider.

Bir de söylenmeden geçilemez: Yaşlanmamaya yemin etmiş, gençlik karikatürü olarak lanetlenmiş bir grup var ki, fena! Çocuklarıyla, hatta torunlarıyla benzer giyinen, yüzleri botokstan mermere dönmüş, hâlâ ve daima rejim yapan, işindeki iktidarından zerre ödün vermeyen, yaşlanmaktan fena halde korkan ve fakat yaşlanmış bu kadın ve adamlar vardır ki evlerden ırak! Genç taklidi yapmak zor iştir, Allah kolaylık ve akıl fikir versin.

Yaşlılığın tarifi çeşitli; 65 yaş üstü olmak, azınlıkta kalmak, cinsiyet kimliğinin gerilemesi, yavaşlamak, rol kaybetmek, rol değiştirmek, rolsüz kalmak, yalnız kalmak, fiziksel olarak muhtaç olmak, emekli olmak, sosyal statü kaybetmek, sosyal statü değiştirmek, büyükanne-büyükbaba olmak...

Tarifnamedeki rol değiştirmek, "başka hayat elbisesi giymek" demektir ve birkaç koşul ister. Önce ayarınca yaşanmış hayat, çeşitlenmiş kimlikler ve doymuş olmayı gerektirir.

Misal, işiniz eğer kimliğiniz ise, kim olduğunuzu yaptığınız işle tarif ediyorsanız o vakit iş elbisesi çıktığında, yaşlanıp iş yapamaz yahut emekli olduğunuzda kendinizi, ne yapacağını, nasıl yaşayacağını bilmeyen, hayat acemisi, üstelik yaşlı bir kişi halinde bulursunuz.

Yahut güzelsinizdir ve güzel olarak tarif edilen hayatınız botokslara, bitmeyen gençlik aşılarına adanır. Onlar yapılamaz olunca başınız belada olur, rolsüzlük denen durum tastamam budur, hayattaki rol kaybedilmiştir ve yenisi yoktur.

Kendimizi tarif ettiğimiz, bizi var eden ne kadar çok alanımız varsa o kadar iyi; bazılarını bırakır, bazılarını artırır ve bazılarını da yeni alırız. Ve asıl soru: Bu hal bir kurtuluş mudur, yoksa yok oluş mu? Gençliğin başa bela hırslarından kurtulup yaşlılığın durgun sularına yelken açmak, bilge ve akil olmak, hatta "Nihayet hayatın mesaisi bitti, sıra bende" senaryosunun gerçek hayatta bir karşılığı var mıdır?

Yapılması gerekenler yapılmış, hayat sahnesindeki rolün değişimi için başvurulmuş, kendini gösterme, başarma, iktidarlı olma, hırs, güzellik, ince bel, makyajlı olma, güçlü olma, daima ayakta olma, örnek olma, cinsel cazibeli olma, çok sevişme, iyi sevişme, çok para kazanma devri tamamlanmıştır; şimdi hayatın yeni bir vakti midir?

Bedenimiz usul usul ihanet ederken ve yıllardır hırpaladığımız, kamuya hizmet için ihmal ettiğimiz ruhumuz, saklandığı yerden çıkacak fırsatı bulur. Yaşlanma dış dünyanın gücünün azalıp, iç dünyanın sesinin yükseldiği vakittir. Romain Gray, "Yaşlılıkta öğrenilenler aslında daha önce unutulanlardır" der. "Önce kendimizi unutup hayat mesaisi yaparız sonra yaşlanırız ve kendimizi hatırlarız." Üstada göre mevzu budur.

Peki, insanın hayatında yaşlılık bir dönem midir, ki erişkinlik dışındaki vakitler hep geçici addediliyor? Bebek çocuğa, çocuk gence, genç erişkine döner. Yaşlılık final seremonisi midir? Erişkinlikten sonra, ölümden önce zaman altın kıymetindedir. Fark eden her vaktini kıymetli, her duygusunu lezzetli yaşar. Fark edemeyen, ki muhtemelen gençliğinde, günlerini de kendini de heba etmiştir, kızgınlaşır, "Huysuz ihtiyar" olarak addedilir.

Dipnot: İnsan canlısı uzun yaşamak istiyor, fıtratı bu. Bedenine ve ruhuna iyi bakmalı, kendini tariflerken tek alanı olmamalı, insan biriktirmeli, vazgeçebilmeli, yeni insanları yeni hayatları kabul buyurmalı, yeni doğrular edinmeli, hayatını ve önceliklerini elden geçirmeli, yük atmalı, yavaşlamalı ama durmamalı, torunlarını sınırsızca şımartmalı, anın kıymetini bilmeli, kıymet bilmeyeni göndermeli hayatından. Bedeninin sesini dinlemeli ve esiri olmamalı bu sesin, en çok da özgürleşebilmeli insan, geçmişinden ve geleceğinden... Dileklerinizin olmasını dilerim yaşlılar.

Kadına, yaşlanmak, şişmanlamak, çirkinleşmek yasak!

Yaşlanmaya izin vermeyen, aynada sürekli gençliğindeki kadını arayan ve bulmak zorunda olan, kilo vermenin hayat memat meselesi haline geldiği, tombul ve mutlu olmanın kabil olmadığı, diyet, rejim sözcüklerinin hayatın manasıyla aynı kabul edildiği, "Botoks, illaki 38 beden, pilates, üç beyazdan uzak dur, imaj her şeydir, kocanın olgunu, kadının daimi genci makbuldür" özlü(!) sözleriyle, kadın güruhu yaşlanabilme, kırışma, "her çizgimin anısı vardır" deme, konforunu tarihe gömmüştür.

Botoks nesli olarak da tariflenebilen neslim, "daimi gençliğin" esiri ve taraftarı olmuştur. Kırışıklıklarımızın tarihe havale edilmesine itirazım yok, pek güzel oluyor, kibrit kutusu kadar peynirler de kabul, sıkıntı buna rağmen kötü oluşumuzda.

Daima bakımlı, güzel, seksi olmaya programlanmış zamane kadınları, boş bulunup oyundan çıkarlarsa derhal alternatif hemcinslerinin devreye gireceği tehdidiyle koşullanmıştır ve sürekli bu programın bunun gereğini yapmaya çalışmaktadır.

Kadının seçilmekle ilgili laneti, kadın cinsinin bitmeyen rekabeti, yaşlanmanın itibar kaybetmesi elbirliğiyle mesajını veriyor: Kadına şişmanlamak, yaşlanmak, çirkinleşmek yasak.

Oysa bizim gençliğimizde anneler anne gibiydi. Koyu

renkli giyinir, saçlarını kısa kestirir, dizaltı etekler giyerdi. Ayrıca güzel olma baskısıyla karşılaşmamış, her kırışık onlara yeni bir iktidar alanı yaratmış, keyifler gıcır, hayatlar benzerdi.

Yaşlanmanın prestijli günleri, altın çağlarıydı onların dönemi. Yaşlanan kadının sözü dinlenir, fiziksel ve ruhsal ağırlığı artardı. O vakit kırışıklar apolet gibi taşınır, korseler çekmecelere tıkılır, aynadaki yeni kadın kabul edilir ve yaşanır giderdi. Kadın olmaktan vazgeçilir, yaş alınır, kaygısız ve mutsuz yaşanırdı.

Bu fena durum zamanla, "Kadın olmaktan vazgeçmeyin, daimi genç kız bedenine hapsolun ey kadınlar" mottosuyla güncellendi. Kadın olmak isterken, genç kadın, orta yaşlı kadın, yaş alan kadın ve fakat hepsinde ve daima kadın olmayı ve kadın kalmayı isterken, kadınlık bu defa gençlikle anılır oldu.

Daimi gençlik hastalığıyla lanetlenme mevzusu son yılların hediyesidir. Biz de analarımız gibi "Yaşlar kırkı buldu, yağlarımızla barış yapma vakti geldi, mahalle baskısına son, gençlik out, yayıla yayıla yaşlanma in" derken, genç kalma salgını başladı. Bu iddialı ve fena halde bulaşıcı salgından ne biz ne bizim zevkü sefa içinde yaşlanmakta olan analarımız kendini kurtarabildi. Biz önde annelerimiz arkada, gergin yüzlü, yırtık pantolonlu sırım gibi kadın olma hayalinin ardından koştuk. Botokslandık, zayıfladık, pilates yaptık, silikon taktırdık, yemeden içmeden kesildik; bedenimiz gençleşti, gönlümüzün keyfi kaçtı. Kadınlık iddialı bir performans alanı haline geldikçe, yapılacak işler listesi uzadı gitti. Botoks yaptırılacak ve kimseye söylenmeyecek, kırışıklar öyle kendiliğinden düzeldi, bu arada mimiklerim de tarihe gömüldü günleri başladı. Mevzu gıcıklaştı, kadınların asırlık güzelleşme çabası cezaya dönüştü. Sonuçtan memnuniyet azaldıkça, hırslanan cinsi latif, ebedi güzellikle cezalandırıldı.

Yaşlanabilmenin ve yavaşlayabilmenin rahat rahat yaşandığı, "Her kırışığımın bir manası vardır, ben genç iken"le başlayan cümlelerin nezaketle dinlendiği günler tarihe karıştı.

Genç olmanın, genç görünmekle aynı olmadığı, hayata dair hevesi ve merakı devam ediyor olmanın çokça önemli olduğu, gençliğin illa ki geçtiği, korkunun ecele faydası olmadığı, gençliğin başa bela dertlerinin yaşanası olmadığının hatırlanması gerektiği, genç görünme hevesi ile genç görünme mecburiyetinin aynı olmadığı, yaşlanmanın engellenmesi, küçümsenmesi durumunun zırvalık olduğunu hatırlamak lazımdır.

Yaşlanmak, yahut gençliği kaybetmek, yeni bir var olma halidir ve katiyen yok olma hali değildir.

Doğru okumak, küresel dünyanın oyununa gelmemek, ruhunu ve bedenini takip etmek, kendine iyi bakmak, yaşlanmaya da genç kalmaya da mecbur olmamak, ışıldayan gözlerin ve ruhun kıymetini bilmek, kadın olmaya devam ederek, genç kız bedenine sıkışıp kalma baskısına eyvallah demeyip yola devam etmek lazım.

Adamlara bakıldığında, yıllar geçtikçe mevki ve para kazanan ve itibarı artan erkek cinsinin yaşlanmanın bedensel kısmıyla derdi pek azdır. Ne dökülen saçlar ne kemer üstü göbek salma hali adamları sarsmazken, cinsellik mevzusu işi bozdu. Yıllar adamlara kaşıkla verip sapıyla almaktadır ve cinsellik "ha gitti ha gidiyor" durumundadır.

Tam da buralarda dünya felsefe yaparken, kapitalizm güçlü vuruşunu yaptı ve Viagra'yı buldu. Ardından yaşlanmanın iktidar kaybettiren yanıyla başları belada olan yaşlanmış erkek cinsi, cinsel iktidarı, ilaçlarla bir yola soktu, eczanelerden daima "arkadaşları için" cinsel performans artıran ilaç alan orta yaş ve üstü adamlar türedi. Sıradışı ve yaşdışı cinsellikle rahatlayan erkek güruhu en birinci derdi çözdü. Ölene kadar sevişilecek hatta sevişilirken ölünecek. Kalp krizinden ölümlerin, fısıltıyla "Viagra kullanıyormuş" şeklinde anlatıldığı günler başladı. Her yaşta sevişebilir olma, Viagra ve muadillerinin sayıca artması ve eczane arka raflarından vitrinlere terfi olması, adamların fabrika ayarını da gerçekliğini de bozdu.

Parası, mevkisi ve cinsel performansıyla muhteşem üçlüyü yakalayan adamlar ve onları elde tutmak için ebedi güzelliği yakalamaya yemin etmiş, "Kocamı kimseye kaptırmam; gencim, güzelim" tadındaki kadınlar yeni hayat filminin esas oyuncularıdır. Yeni ve yenilenmiş cinselliğiyle adamlar bir yanda, yeni ve yenilenmiş vücutlarıyla kadınlar öbür yanda, yeni ve yenilenmiş filmi seyrediyoruz. Filmin aksiyonu bol, şehveti yerinde, gerilimi ayarında ve fakat ruhu yok.

Pek sevgili kadın ve adamlar, güzelleşelim, botokslanalım, memnun olalım, Viagra mevzusunu arkadaşa değil doktora soralım, hepsi kabul. Dilerim bunları canımız isteyince yapalım, yapmayınca hayattan düşmeyelim, zamanla da, kendimizle de ahbap olalım ve her kırışığının sahiden anısı olan bir ömrümüz olsun. Gülelim, güzelleşelim.

Ey kişisel gelişmişler!

Bireyselleşme dediğimiz mevzu, kendine güvenle el ele tutuşup benim gençliğime damgasını vurmuştur. O zamanlar bireyselleşme ve kendine güven birlikte anılırdı ve biri eksikse öbürü de olmazdı. Her ikisi de modern olmak, kendine yeterli olmak, Batılı olmak gibi çağrışımları içerir ve bizim tarafımızdan fena halde heves edilirdi. Bireyselleşme atak yaptı ve öne çıktı, dendi ki "Bireyselleşmeyen özgür ve özgün olamaz, dolayısıyla kendine güvenemez çünkü güvenecek bir kendisi yoktur."
Biz kolektif yaşamın dibine vurmuş, kalabalık ailelerde yetişmiş nesildik ve yapamadık, elin adamı bireyselleşti bize de hevesle seyretmek düştü. Derken 20'nci yüzyılın iman edilen bireyselleşme akımı teklemeye başladı. Bireyselleşen çocuklar on sekizinde sokağa postalandı, para pul derdi olmayan Avrupa, yalnız insanlarıyla meşhur oldu.
Hızla sonuç çıkarıldı: Bu bireyselleşme fos çıkmıştır, azı karar çoğu zarardır, "Bir elin nesi var iki elin sesi

var" durumu malumdur. Günün sonunda bireyselleşme yalnızlıkla eşdeğer oldu. "Şahane" şekilde bireyselleşmiş, yalnızlaşmış, ilişki kurma yahut ilişkinin içinde olma becerisi kaybolmuş bir dolu insan çıktı piyasaya. Biz de hevesimiz kursağımızda, "Bireysellik out, toplumsallık in" dedik. Oysa bireycilik başka bireysellik başka. Bireyselleşme filminde yıllarca bireyci olmayı seyrettik. Bireyci yalnız ve kendinden başka hayalleri olmayandır ve bireyselle ortaklığı yoktur. Bireyselleşme, insanın kişiliğinin belirginleşmesi, içinde bulunulan sosyal, siyasal yahut ahbapsal cemaatlerin dışında bir kimlik geliştirebilme halidir ve kara koyun olmayı göze almadan bireysel olunamaz. Bireyselleşme toplumsal bir faaliyet değildir ancak kalabalıkları sever, birey olarak tariflenecek şahsiyet, onaylanmamayı göze alır, alamazsa da bireyselleşemez zaten. Benim neslim bunu göze alamadı, darısı gençlere, bencil ve bireyci olmak ile farkı fark ederek yol almaları lazımdır. Bireyselleşme iyidir, hoştur hatta illa ki lazımdır. Bireyselleşen anasının babasının çocuğudur, uzantısı değil. Ne siyasal ne sosyal olarak mürittir!

Düşünendir, karşı çıkandır, destekleyendir, ezber bozandır, cesur olandır. Haydi gençler, biz treni kaçırdık, sizin yolunuz yönünüz açık olsun. Usulünce, ayarında ve birlikte bireyselleşin.

Son dönemin modası "kişisel gelişim"

Kitapları, koçları, hacıları, hocaları, meraklıları hatta yandaşları var.

Önceleri beni gülümseten, hadi daha açık olayım, "Bırakın bu çıtırık işleri" dedirten mevzu son zamanlarda gündemi iyice işgal eder oldu.

Bu işten anladığım şu: İnsanın kendisini bir hale yola sokması, istediği insan olması, mutlu mesut, kendine güvenli ve yeterli olması, dahası ne isterse o olması, neyi isterse onu çağırıp yaşaması...

Bunların olurluğuna hiç ama hiç itirazım yok. Hatta bizzat görmüşlüğüm var. İtirazım bunun kalıcılığına, insan canlısının gazla çalıştığı ilkesine dayanan ve şişirilmiş insan yaratma tarikatının bunu kalıcı kılamamasına.

Kişisel gelişim konusuna bulaşanlar önce "Dünya ne şahane; çiçekler, böcekler fevkalade", "Evrenden iste, olumluyu çağır", "Önemli olan kendinsin hatta en önemli sensin, "Ha desen, ahali köpeğin olsun", kıvamında dolaşırlar. Evrenden istedim olmadı durumu hasıl olduğunda, cevap hazırdır "Yeterince içten istememişsindir" yahut "Henüz hazır değilsin demek ki."

Şişirilen egoları ve "Kendini önemse hayat mevzusu kolay, o hallolur" mottosuyla etraflarının üstüne basarak gökyüzüne çıkan "kişisel gelişmişler", maalesef hızla iniyor. Gazeteler, dergiler, kitaplar yırtınırcasına anlatıyor. Gelişenler, diğerlerini geliştirmeye aday oluyor. "Yüzeyde ve benzeyen insan yaratma tarikatı" mutluluk vaat ediyor. Nedir bu her dakika mutlu olma hevesi, o da ayrı mevzu.

İnsan yüzeyselleştikçe gelişiyor, öyle mi? Gelişmişliğin ne kadar kuralı varsa, önde geleni, "kendini fena halde önemsemek" diye anlatılıyor.

İyi önemseyelim de ya önemli değilsek? Önemsiz ama değerliysek? Her değerli önemli olmayabilirse ne olacak?

Şimdi sevgili kişisel gelişimseverler!

Formülüze etmeden saçını ortadan ayırırsan, sesini ikinci perdeden kullanırsan kıvamındaki repliklerden kurtulup, iyi kötü, doğru eğri kendimize benzemeye çalışsak da öyle gelişsek... Ezber yapmasak, ezber bozsak ne iyi olur...

Kant'a göre, hayatın çeşitli güçlüklerine karşı üç şey hediye edilmiştir: Ümit, uyku ve gülmek!

Hayal edilen kişi olma ümidi ile olan ve olabilen kişi olma ümidi arasına sıkışmasak, sahiden kendimizle kalmak gerektiğini, afili görünmeden de gelişilebileceğini bize öğretseniz...

Kişisel gelişim kişisel bir mevzudur ve ezberi yahut "kişisel gelişmenin pratik 14 maddesi" yoktur. Hepimiz, alt kültürümüz, gölgelerimiz, kısıtlarımız, yeterliliklerimiz ve hayallerimizle var oluyoruz. Kendimizi tanımadan, kendimizle ahbap olmadan ne gidilecek yol ne alınacak mesafe vardır.

Adı üstünde kişisel gelişim bu, her kişi kendi usulüyle gelişecek. Elbet yeni usuller öğrenmek, eskileri elden geçirmek lazımdır ve fakat her elbise her bedene uymaz. Kendini iyice bilip, kendine itimat edip, kendini 14 maddenin geçici konforuna satmayıp, yeni usuller öğrenme yoluna çıkmalı insan. Samimi olmalı ve olmayan insanı da düşünceyi de barındırmamalı hayatında. Malum, ömür dediğimiz, kendinden insan yaratma macerasıdır ve samimiyetsizlik sevmez.

Gelişmenin ne olduğu ise iyice muammadır. Sokrat dönemindeki gelişmiş olma hali muhtemeldir ki, hayatın içinde olmamak ve düşünmek, fikir sahibi olmaktı. Çalışmak ayıptı, mutluluk ise mevzu bahis bile değildi.

Benim gençliğimde başarılı olmak, gelişimin şahikası idi ve başarılı olunduğunda konu kapatılırdı. Şimdilerde mutlu olmak kişisel gelişmiş olmanın en temel göstergesi. Daima ve yorulana kadar mutlu olmak, kederli ve üzgün olmamak, hayatın şahane geçmesi, kederin hızla def edilip mutlu olunması. Durum budur.

Ey sahiden kişisel gelişmişler, bu konuya bir el atsanız. Eskinin çalışmaktan başka bir şey bilmeyen insanları ile şimdinin "Her dakika mutlu olalım" arzusundaki insanları arasına sıkıştık, ne çalışkanız ne daima mutlu.

Biz öyle, sıradan insanlarız, sıradan kalasımız var diyebilme konforu dilerim...

Issız bir adaya düşseniz yanınıza alacağınız üç şey nedir?

Gençliğimizin kritik sorusu... O vakitler sorudaki üç şey, üç insan olarak okunurdu ve soruyu soran herkes öbürünün gözündeki vazgeçilmezliğini böylece test ederdi.

Zaten başka zorluklarımız vardı bizim, utanırdık, ayıp olurdu, kalp diye bir efsane vardı ve kırılabilirdi. Bahsi geçen kalp, hayatımızın kahramanıydı, kalpten sevmek, kalpsiz olmak, kalbi kırılmak vardı.

Issız adanın seçileni olmak isterdik, yalnız bırakmak olmazdı, ister arkadaş ister sevgili iflah olmaz romantiklerdik biz. Daha mutlu muyduk bilmem hatta sanmam lakin daha kirlenmemiş, ha desen saf, kendinden başka hayalleri olan gençlerdik.

İnsanın insandan başka bir malzemesinin olmadığı vakitlerdi, şimdilerde bir performans alanı haline gelen sosyalleşme o zamanlar kendiliğinden vardı. Başka da bir şey yoktu zaten. Kalabalık yaşanırdı, kendi kendinle kalmayı yeni yeni öğreniyorduk ki televizyon geldi. Televizyonu ilk gördüğümde beş yaşındaydım, pilli bebek seyrederdik. Tam da hikâyenin benim şahit olduğum kısmı burada başladı, insanın insana muhtaç oluşunun sonlanmasının ilk tohumları. Başka hayatlarla tanıştık, bilgimiz görgümüz arttı, gelişim önlenemezdi ve önlenmemeliydi.

Televizyonu seyretmedik sömürdük adeta, ebeveynler

kaygılandı lakin televizyonun gücü yetmedi ahbaplık hevesimizi kırmaya. Hikâyenin vurucu kısmı karşılıklı olamaması, diyalog kuramamasında kilitlendi. Şu televizyon konuşaydı bugünün ebeveynleri sanal âlem üstatlarıydı muhtemelen. Lakin muhabbette usta, insansız araçta acemi kırk yaş üstü grup, bugün itibariyle ıssız adaya, telefon ve bilgisayarla gidileceği bilgisine bir yandan uyum sağlamaya çalışırken bir yandan bünye reddediyor. Çağın getirdiklerinin ve götürdüklerinin hesabı zordur.

Şimdilerde durum karışık, sanal ortam var, insanın insanla ilişkisi düğmenin ucunda, zorlamak yok, uğraşmak yok, düğme var. Bu vaktin gençleri ve teknoloji severleri yahut sevmezleri için yeni gerçeklik budur. Düğme sever gençler giderek daha az ilişki kurmak ister oldular. "Of onunla mı uğraşıcam şimdi"yle başlayan replikler havada, arkadaşlar ekranın öbür tarafında; istersem kalırlar istersem giderler. Bir zamanların efsane sözlerindendir, memlekette herkes bilirdi: "Ne kadar ekmek o kadar köfte!", emeği anlatırdı, "Köfte-lezzet istiyorsan uğraşacaksın" derdi. Şimdi burada ayarlar bozuldu, insanın ne başkasına ne de kendisine emek veresi var; artık düğme var. Doğru ve gerçek arasındaki makasın açıldığı günler. Konuşmak yahut görüşmek mesajlaşmak manasına gelmektedir ve bu yeni racon coğrafyanın kodlarına epey aykırıdır. Malum memleketin sosyalleşme bilgisi ısrar etme, utanma, ayıp olma, hesabı hayatta ödetmem misafirimsin, seviyorum ne yapayım... üzerine kodlanmıştır.

Konu, "sanal ortam, ıssız ada, pilli bebek, nerede benim gençliğim" tadında yaşlanmanın izlerini taşısa da evlilikten bahsetmeden olmaz. Sanal ortamın evliliğe kattığı irili ufaklı herhangi bir şeyi ben bilmiyorum, bileni de tanımıyorum. Aynı evde hatta aynı koltukta birbiriyle mesajlaşan çiftler görmüşlüğüm vardır ve bu genç kadın ve adamlar yazışarak kendilerini daha iyi ifade ettiklerini düşünen çiftlerdi. Yan yana oturunca ve yazışınca olur diye düşünmüşler, olmamış. Terapi odasında uzun uzun karşılıklı oturduk, birbirimizin yüzüne bakmayı, sıkılmayı, muhabbet etmeyi öğrendik. Bir de sanal ortam aldatmaları var ki vakayı adiye, hiç göresim yok ve fakat çok görmüşlüğüm var. Uzunca bir süre kimseler nereye koyacağını bilemedi bu mevzuyu, adı üstünde sanaldı ve sanal kalacaktı. Ne vakit sanal kalmadı o da aldatmanın efsanevi literatüründe yerini aldı. Sevimsiz konudur, basittir ve anlatmaya değmez, kendini gizleyerek ilişki kurma hevesi olanlar için şahane bir mecradır.

Sanal âlemin varlığını, bugüne ve muhtemel yarına hâkimiyetini kabul ettik ancak insanla ilgili neye iyi geldiğini ben halen anlayabilmiş değilim. İnsanın insana muhtaç oluşunu, insanın insana iyi gelişini, yalnız kalmayı, sıkılmayı, kendi kendinle mecburen tanışmayı, çok düşünmeyi, hatırlamayı, bilgi biriktirmeyi önemsizleştirdi, ihtiyaç dışı bıraktı. İnsanın insana muhtaç oluşunun yerini insanın sanal dünyaya muhtaç oluşu aldı.

Şu ıssız ada sorusuna geri dönsek, soruyu tekrar sorsanız cevabınız ne olur?

Cevaba cep telefonunu yazmayan var mı ahali?

Issız adaya yalnız gidecek olmak da, adaya seçilmemiş olmak da fena. Meşhur ve kimliği meçhul çalışmalarda bilinenin aksine sanal ortam severlerin daha sosyal oldukları tespit edilmiş. Sosyal olmak eğer ekranın daima açık, aynı anda beş kişinin homurdandığı hal ise doğrudur.

Şuna katılırım: Yalnız ve hiçbir şey yapmadığında yok olunacağını, hızla buharlaşılacağını ve nihayetinde gaz haline gelmenin gerçekleşeceğini ciddi ciddi düşünen bir gençlik var. Bu gaza dönüşme tedirgini gençlerin derdi, kendi kendine kalamamak. En son ne vakit kendinizle baş başa kaldınız, telefon, televizyon ve bilumum teknolojik yandaş yok, insan yok, iş yok güç yok, bir tek kendiniz...

Zor mevzu.

İnsansızlığa alıştık dert bu değil, nasılsa herkes ulaşılabilir mesafede, hepimiz birbirimizin nerede olduğunu, ne yaptığını hatta ne yapacağını biliyoruz.

Gözünü seveyim sosyalleşme oyununun, şaka gibi.

Bir düşünelim bakalım gün boyu sosyalleştiğimiz "aslında haberleştiğimiz" insanların ne kadarına "Neredesin, ne yapıyorsun?", ne kadarına "Nasılsın?" dedik.

Sanal dünyayı bunca aşağı çekmek illa ki yaşlanmakla ilişkilidir ve bu tespite yaşlanmakta olan, "Bizim zamanımızda"yla başlayan cümleler kuran biri olarak itirazım yoktur.

Ancak gerçek olanın yok sayılmasının, hayatın dışında tutulmasının bir işe yaramadığına hatta fena olduğuna da itirazım yoktur. O vakit ne yaşadığımızı doğru okumaya çalışalım:

* Haberleşmek başka ilişki başka.
* Sanal ortam bu vaktin gerçeği; ister kabul edelim, ister etmeyelim.
* Eğlencelidir.
* Gözün göze değmediği iletişim halinin adı muhabbet değildir.
* Yalnız olmaya da, sıkıntıdan kendine bakmaya da insanın ihtiyacı vardır.
* Teknolojinin işgal etmediği vakitler geçirmek lazımdır, iyi gelir.
* Fingirdeşmenin, benim bildiğim en kötü ve yalan adresidir.
* Dil önemlidir, sesli harfleri katletmeden yazışmak lazımdır.
* Şu adada yanınıza insan da almanızı öneririm.

Dileği bilemedim. Geri dönelim desem olmaz, böyle insansız araç tadında gazlayıp gidelim desem hiç olmaz.

Ayarınız, ayarımız yerinde olsun, hal hatır soralım, "Nasılsın?" diyelim, "Nasılsın, iyi misin, hatırın var olsun, meraktan değil dostluktan arıyorum, sesini duyasım var, gözlerinden öperim..."

İş elbisesi başka, hayat elbisesi başka

Üst düzey yöneticilerin evlilikleri, ilişkileri bana hep aynı şeyi düşündürür. Jilet gibi giyinmiş, daima fit, sıklıkla yaşından genç duran, kararında bakımlı, ayarında konuşan bu kadın ve adamlar hep aynı şeyi hissettirir: Başarmak ne zor!

Bir grup kendisini yönetici olmak üzerinden tarif eder. Uykusuz gecelerinin, zorlu sınavların, yaşanmamış günlerin ödülü nihayet alınmıştır. Hayaller gerçekleşmiştir... Kaybedilmesi göze alınamaz her hayat öyküsünde olduğu gibi burada da kaygı, sinsice ve daima varlığını hatırlatır. İşiniz iş olmaktan çıkıp kimliğiniz olur, hücrelerinize işler.

Yöneten adam ya da kadının neredeyse daima duyduğu cümle tam bu vakitler güncellenir. Eşiniz, "Ben senin çalışanın değilim" demeye başladığında, siz önce "Yok böyle bir şey" dersiniz. Sonra, "O kadar kişiyi yönetiyorum, seninle baş edemiyorum" cümlesi kurulur. Sonra "Neden olmuyor?" sorusuyla başarısızlığın adı konur. Bilindik hikâye, ne vakit bir yaşam alanına çok önem atfetsek, hayatımızın diğer alanlarından çalarken buluruz kendimizi.

Kim olduğu sorusunu, profesyonel kim olduğu üzerinden yanıtlayan üst düzey yöneticiler, "başarmış adam ve kadınlar" iş elbisesinin ve hayat elbisesinin ayrı yerde hatta ayrı gezegende olduğunu, evin kocası/babası, kadını/annesi olmanın diğer tüm kimlikleri ezdiğini görmeyi de bilmeyi de sevmezler. Oysa kim olursanız olun, günün sonunda gündelik hayat, uykusuz geceler, büyüdüğü fark edilemeyen çocuklar, uzlaşılamayan ergenler, "Benimle ilgilenmiyorsun" diyen eşler, geniş aileler, aranmayı bekleyen anneler, yönetilmeyi değil anlaşılmayı ister.

Lider olmak, etkili yönetmek; ne isterseniz söyleyin, hepsinin ortak paydaları var. Başarılı olmuş kişiler deneyimlerini paylaşıyor yahut profesyonel önerilerde bulunuyorlar. Benim okumuşluğum hatta muhtemeldir ki faydalanmışlığım vardır, iş yürüyecektir ve merkezde insandan önce işlevsellik vardır, kola, buzdolabı, araba, ilaç, hizmet, tatil... her ne ise satılacak, hedef tutturulacak, yeni yatırımlar yapılacak, her geçen yıl hedef yükseltilecektir. Zaman yönetimi öğrenilir, mükemmel hedeflenir, etkili karar almanın yolu yöntemi anlatılır, hepsi şahane, sakınca bunun işle sınırlanmadığı vakitlerde ortaya çıkar. Bunlar, dinlediğimiz yahut bizzat yaşadığımız, "İş hayatı böyledir" başlığında kabul buyurulan durumlardır. Kabul etmeyenden ya iş dünyası vazgeçer yahut vazgeçilemeyecek biridir, ki bu çok nadirdir, o vakit yeni bir yönetim anlayışı, yeni soluk denilen durum olur. Bunlar, iş psikolojisi, sosyolojik değerlendirmesi, yönetim bilimleri ve daha nice alanın mevzularıdır ve bizi aşar. Derdimiz, aynı adam ve kadınların giydikleri bu iş elbisesini pek sevip yahut başka elbise sahibi olamayıp çıkarmadıkları vakit başlıyor. Bu çok sevgili ve yorgun ve kimliğini işine transfer etmiş ahali bu defa kızgınlaşıyor, canını dişine takmış, çok çalışmıştır ve şikâyetler el ele tutuşmuş gelmektedir. Çocukların büyüdüğünü göremeyen kötü baba, eve para getirmekle her şeyin hallolacağını sanan adam, "Zaten çocuğu da annen büyüttü" denen kadın, "Konuşacak birine ihtiyacım var, yalnızım" diyen eş, ortalığı işgal eder. Hayata sahiden çok emek vermiş, hayatını ve işini ayırt etmemiş, evi işi gibi yönetmeye heveslenmiş, ne zamanı ne zemini yönetememiş kişiler, iş elbisesini çıkarıp hayat elbisesini giydikleri vakit herkes rahatlıyor. İşteki mükemmelin aranışı, evdeki mümküne müsaade edilişi, hata yapılışı, mantıklı değil duygulu oluşu, istemenin gerekçesiz de olabileceğine dönüşüyor, ortalık sahiden rahatlıyor. İş dünyası, doğru yönetici, ne kadar formülüze edilebilirse, evlilik/aile olmak da o kadar formülüze edilemez. İstekler değişir, öncelikler değişir, doğru bulduğunuz eğri, eğri bulduğunuz doğru hale gelir ve bunca değişkenle siz de değişip dönüşemezseniz, bırakın yönetmeyi yaşayamazsınız bile.

Bir başka yönetici gruptan daha bahsetmek gerek. Onlar, çok çalışıp, ertelenen hayat için şafak sayanlardır. Burada hücreler işgal edilmemiş, hayat elbisesi ayrı tutulmuştur.

Olsa olsa vakitsizlikten yakınan eşler, nasıl büyüdüğü anlaşılamayan çocuklar vardır. Hasar azdır. Kiminde hasar filan da yoktur, çok çalışan, beş kişilik enerjiyle durumu idare eden anne, her vakit dinleyen baba, "İlgi senin kulun olsun" diyen koca vardır. Vakti gelip de hayat kendine ait olunca, yönetici elbisesi çıkar, takım elbise yerini şort ve parmak arası terliğe bırakır. Bir sahil kasabasında, heybe dolusu hayalle başlar yeni hayat. Ömür yettiğince de yaşanır.

Şimdi gelelim son yılların yeni yönetici adaylarına. Onlar her iki grubu da seyretmiş, hücrelerine kadar yönetici olanları da, şafak sayanları da dinlemiş, yaşamışlardır. Çeşit çeşit isimleri vardır ve en moda olanı "Y Kuşağı"dır. İyi yetişmiş, kendine düşkün, otorite sevmez, sosyal mecraları önemseyen, hayalleri çok, hayat hevesi yüksek, disiplinsiz, tembel, küstah, özgürlükçü, Gezi hadisesinin kahramanları, işe yaramaz aylak takımı... Bir sürü tarifi var. Bu gibiler işte nasıldır konusunda uzun konuşulur ancak bizim mevzumuz hayatta nasıl oldukları. Eş olarak, arkadaş olarak, yeni yeni anne/baba olarak seyrediyoruz bu genç insanları. İş elbiseleriyle daha az yapışıklar, mottoları hayat için çalışmak, hayatla ahbap olmak. Önümüzdeki günlerde, bu genç insanların iş hayatlarını, yönetmek ve anlamak arasındaki açmazda ne yaptıklarını seyredeceğiz. "Ben kimim ve nasıl bir hayat yaşamak istiyorum?" sorusunu sorma bilincine ve konforuna sahip bu grup muhtemeldir ki yeni bir senaryo seyrettirecek bize.

Vakitlice ve ayarında değişelim şu elbiseleri, dilerim ki çok elbiseniz olur, yöneten olmak ile anlayan olmanın kimi vakit farklı olduğunu aklımızdan çıkarmayalım.

Kaderine demir atanlar, durun!

Birini mutlu etme meselesinin ayarını kaçıranlar vardır ve onlar kendilerini bilir. Sevilmekle ilgili yarası beresi olan, sevilmeye münasip ve layık olmadığını düşünen ve hisseden bu kişiler, çareyi mutlu ederek mutlu olmakta aramaktadır.
Bu meseleyi istendiği kadar yaygınlaştırmak, hayat şekli yapmak mümkündür. Misal, en yaygın cümleler, "Fark etmez, sen nasıl istersen; ben sen mutlu olunca mutlu oluyorum, başkalarının mutlu olması bana yetiyor" tadında uzar gider.
Kadın cinsinin bu mevzudaki performansına adamların yetişmesi zordur ve pek az adam bu mevzuya taliptir.
Toplumsal bilgi, "Şefkat, hoşgörü, mutlu edip mutlu olma hali kadının teninde daha iyi durur, ona yakışır" şeklindedir.
Üstüne birkaç tutam babadan alınan "Sevilmeye layık mıyım?" sorusu eklenir ve annelikle meselenin şahikasına ulaşılır.
Anneler, çocuklarını ve kocalarını mutlu ederek mutlu olan kanatsız meleklerdir.
Alanın ve verenin mutlu mesut olduğu

durumlara söyleyecek laf yok ve fakat mutlu edileceklerin oyundan çıktığı vakitler olduğunda mevzu karışır. Ya ısrar edilir, baskının her türlüsü yapılır, iyilik ile ezilir ve mutlu edilen gönderilmez, yahut yeni bir adres ile aynı senaryo yaşanır. Ömür öyle de böyle de geçer, yaşadık, yaşıyoruz, bildiğimiz mevzu. Kendimizi iyi ve samimiyetle tanıdığımız, derindeki beter ihtiyaçlarımızı fark ettiğimiz, geçiştirmediğimizde, dertlerimizi yeni dertlerle değil kendimizle çözmeyi kafaya koyduğumuzda hayat daha çekilebilir olur.

Tüm mevzuyu yaşadıklarına bağlamak insanın pek sevdiği kandırmacalardandır.

Hayat bize çelme takmış, hakkımızı yemiş, canımızı yakmıştır, bizim ne sebep ne sonuçta tırnak ucu kadar etkimiz yoktur. Hayat nasıl bozduysa öyle düzeltmelidir, bize borcu vardır.

Bu tastamam bizi hayatımızın esas oyuncusu olmaktan çıkarıp seyirci haline getiren düşünüşün şemasıdır.

Elbet hepimizin iyi-kötü anıları, ihmal edilmişlikleri, çok önemsenmişlikleri vardır ve bunlar bizi olduğumuz insan yapan malzemelerdendir ve önemlidir. Görülmemiş hesaplarımız, kederin kaderimiz olduğu günlerimiz, haksızlıklar... hepsi kabul.

Ancak tek başına doğulan ve tek başına ölünen hayat, kendinden insan yaparken de tekâmül ederken de konuk oyuncu almıyor.

Kim ne yapmış olursa olsun, nasıl hırpalanmış olursak

olalım dermanın bizde, hakkaniyetin roman kahramanı olduğu ve adına hayat denen mesele, esas oyuncu olmamızı ister. Israr eder. Eğer hayatımızın esas oyuncusu olmaz, yahut olamaz isek, suçladığımız insanlar ve hayatlar el ele tutuşmuş bizim hayat öykümüzün kahramanları oldu ise, o vakit kendi hayat senaryomuzun figüranı oluruz.

En fenası, suçladıklarımızın sahiden suçlu olmasının meselenin esasına etkisi yoktur. İleri doğru yaşanan zaman oyununda, ya kaderine dövünenler grubuna dahil olunur yahut yola devam edilir ve tarih tekerrürden ibaret olmaz. Takılıp kalanların, hayat öyküsünü bunun üzerine inşa edenlerin işi zordur.

Misal, annesi tarafından duygusal olarak ihmal edilmiş, öpülmemiş, sevilmemiş bir kadının çocuğuyla benzer ilişki kurmasını, donuk annenin donuk kızının anneliğinin silik soluk olmasını, çocuk olarak yaşadığı kederi, anne olarak çocuğuna yansıtmasını nasıl okuyacağız?

* Annesinden görmediği için sevmeyi bilmiyor, tüm sebep budur. Annesi onu sevemediği için o da çocuğunu sevememektedir. Ezcümle, böyle nesiller boyu gidecektir.
* Annesinden görmediği için sevmeyi bilmiyor, öğrenmenin yolunu bulmalıdır ve sevmeyi bilemeyişinin kendine ait sorumluluğunu almalıdır ve bu mevzuya dur denmelidir, geçmiş başka bugün başkadır.

Sadeleşelim; başımıza gelen talihsiz insanlar yahut olaylar, ıstırabı yaşanıp, mesajı alındıktan sonra bırakılmalıdır. Ki özgürleşelim, kendimize dönelim, olgunlaşalım, pişelim. Yoksa hayat akar, biz seyrederiz.

Eric Berne'nin hayat senaryosunu bir kez daha tekrarlayalım: Hepimizin hayatının bir senaryosu, esas oyuncuları, figüranları, sahnesi, müziği, efekti vardır. Kimi zaman kendimizi esas oyuncular, sahne, müzik efekt değişmiş senaryo aynı kalmış buluruz. Başka insanlar ile aynı hayat öyküsü sahnelenmektedir. Makûs tarihin, talih haline gelişinin hikâyesidir bu. Yaşadıklarımız başka bir zaman ve zeminde devam etmektedir yahut daha açık anlatımı ile bizim tarafımızdan devam ettirilmektedir. Aynı kendimiz ile gittiğimizde, aynı hayatı yaşar gideriz.

Misal, boşanmış biri olarak ikinci evliliğimizde benzer evlilik senaryosunu yaşamaktayız. Esas oyuncunun ismi ve cismi değişmiş, senaryo aynı kalmıştır. Başka bir insan canlısıyla bir önceki evliliğin sıkıntılarını yaşarken buluruz kendimizi.

Misal, ilişkileri terk edilmek, mağdur olmakla sonlanan insanlar vardır, karşılarındaki insan değişir ancak onlar finalde terk edilir. Tesadüf mü diyelim, hayat senaryosunu hep aynı yazma arzu yahut refleksi mi diyelim? Üzerine samimiyetle düşünmek lazım ey ahali...

Misal, iş hayatının daimi kaybedenleri vardır; bir-üç-beş derken iş değişir, insanlar değişir, bizim hakkı yenen eleman aynı kalır. Kader mi diyelim, kaderinin yazıcısı olmaya el atmak lazım mı diyelim?

Buradaki mesele yaşadıklarımızın ne kadar ıstıraplı olduğundan yahut olmadığından bağımsızdır. Neyin kederli olduğu, hakkı yenmenin ne olduğu kişisel bir mevzudur. Hakkım yendi, üzgünüm diyen üzgündür, sorgulanmaz, kabul edilir. Ancak hikâyenin devamında kendine yapılan haksızlığa demir atan, takılıp kalan, kendine yapılan haksızlığın romanını yazar. Romanın kahramanı sizi mağdur eden, yan karakteri siz, konusu da sizin hayat olur. Mağdur eden kötü karakter, sizin öykünüzü yazmasın, derdim budur, sizin de derdiniz bu olsun lütfen.

Hayat senaryonuzun esas oyuncusu olmanızı ve senaryoyu doğru okumanızı, onun fanatiği olmamanızı, yeniden yazıp çizmenizi ve gücünüzün farkına varmanızı dilerim.

Kederini doya doya yaşa

İçimizden süzülen gözyaşlarıyla başedebildiğimiz vakit, iyi kötü gidiyor hayat... Ne vakit kumdan kaleler yıkılıyor, tüm hayatın muhasebesi çıkıyor önümüze...

Esas oyuncular, figüranlar, sahne, dekor, hepsi nasibini alıyor. Sahici acı, insanın evi barkı, kalesi, duvarı ne varsa yıkıp geçer. İnsanın, kendine acımaktan başka çaresinin olmadığı, acının dibine vurduğu, en şahane zamanın ve zeminin acı olduğu, "batsın bu dünya" tadında haller bunlar...

Gerçekler ve fazlalar... Geçiyorlar ve unutuluyorlar...

İnsan canlısının neredeyse şehvetle yaşama arzusu, bu ikisinin ortaya karışık hali diye düşünürüm.

Günün sonunda hepsi, geçip giden zamanda öğütülüp karanlıktaki yerini alıyor. Hayat bir zaman aşımı oyunu, hiçbir acı zamanın karşısında direnemiyor, sesini soluğunu, rengi ruhsarını kaybediyor. Ayakta ve hayatta kalacak isek, acı yaşanıyor ve tarihin karanlığında yerini alıyor.

Hikâyenin sonunda tamamlanarak yahut eksilerek devam ediyoruz yolculuğumuza...

O yüzden insanın kederini şöyle doya doya yaşaması, kıymetini bilmesi, sarıp sarmalayıp vedalaşması, karanlığa teslim ederken ardından uzun uzun bakması lazım. Acıyı zamana emanet edip yaşamazsak, o da ya kendi karanlığına sizden bir parçayı alıp gidiyor ya da gidesi olmuyor; kalıyor.

Yaşanabilen keder, insan canlısını çoğaltıyor, ruhunu temizliyor, onu bilgeleştiriyor... Ancak vakti geldiğinde bırakamazsak, bu kez, "acı bilgesi mutsuzlar" haline geliyoruz. Kederin besleyen yanı bizi işgal ediyor, mağdur olmuş ve mağduriyet elbisesini sıkıca giymiş, "çıkarası yok" insanlara dönüşüyoruz.

Her dakika, her gün mutlu olma baskısı, kederin bir an önce def edilmesi, niye üzgün olunduğunun anlaşılamaması, ucuz işler bunlar. Yaşayacak isek, mecbur isek, kederle ahbap olacağız.

Arada bir buluşup efkâr dağıtacağız, yanımıza güvenilmez ahbabımız mutluluğu çağıracağız ve birlikte yaşayıp gideceğiz. Kederi olmayan hayat olmaz; kedere takılıp, pek seven, burada yaşayacağım, damarlarımdan acı akacak diyen hayat ise olmaz olsun. Mutluluktan başka duyguya iznin olmadığı hikâyenin adı da hayat değil yalandır zaten.

Ömrünüz bol olsun. İyisiyle, kötüsü ahbap olsun. Dilerim anlatacak anılarınız, dinleyecek dostlarınız olur.

Uzun bir sonsöz...

Aydınlık bir yazı yazasım var
içinde mesajı olmayan
insana iyi gelen
anılarının karanlığında boğulmayan
kendini de anılarını da yıkamış yumuş
başa geleni çekmiş
öne geleni yaşamış
takılıp kalmamış
"Bunlar neden hep benim başıma geliyor" sorusunu sormaktan vazgeçmiş
dertleri keyf eylemeyen
"Yaşadıklarımdan öğrendiğim bir şey var" diye başlayan şiirler okumuş
okuduğu şiir hücrelerine nüfuz etmiş
çektiyse de çektirene dönüşmemiş
insan biriktirmiş
vazgeçmiş
ayarınca ve lüzum olduğu vakit hayat öyküsünü tekrar yazmış
bilgeleşmiş ama bilgiçleşmemiş
sormuş ama sorgulamamış
kendini kandırmanın zahmetini yaşamış ve vazgeçmiş
"Kötüden misal olmaz"ı hayat düsturu yapmış

pişmanlıkları olan
"En kötü özelliğim çok iyi niyetli olmam"dır demeyen
samimiyetin sahici bir hayatın olmazsa olmazı olduğunu bilen
iyi kalpli olan
kendi kötülüğünü tanıyan
mükemmelin mümkünün düşmanı olduğunu bilen
kederden kaçmayan ancak kederle beslenmeyen
bedeninin dostu olan
yüzündeki çizgileri seven
yavaşlamayı bilen
cebinde çeşit çeşit hevesi olan
hayallerinin peşi sıra giden
aşkın ömrünün en torpilli halde bile üç yıl olduğunu söyleyen
evliliğin kendini karşıdakine emanet etmek olduğunu bilen
kalp kırmaktan çekinen
duygusundan korkmayan
"Azı karar çoğu zarar" kelamının korkaklar tarafından uydurulduğunu bilen
"Düşün düşün boktur işin" kelamının ise külliyen fenalık olduğunu, düşünmenin lazım olduğunu hep hatırlayan
utanan
yüzü kızaran
vefalı olmayı önemseyen
ana baba olmanın ömürlük dersimiz olduğunu bilen
çocuklarını işgal etmemeyi becermiş
koşulsuz ve kendine rağmen sevebilen
çocuklarıyla arkadaş olmayan
kendine arkadaş bulan
yaşlanmayı beceren
genç görünme hevesinin esiri olmayan

bedenine müsaade ve itina eden
yemek masası muhabbetini pas geçmeyen
şefkati ve şehveti ahbap edinen
"Yanlış yaptım"la başlayan cümleleri olan ve bunu gururla taşıyan
istemeyi bilen
vermeyi seven
hayatı da kendini de ayarınca ciddiye alan
ciddiyetin içinde boğulmayan
çokça gülen
ağladığına ağlamayan
cinsiyetine sahip çıkan ve onu seven
"Ben olsaydım"la başlayan cümleler kurmayan
elinde hata ölçerle gezmeyen
hata yapabilme konforunu kendisine verebilen
başkasına da verebilen
iyiye de kötüye de müptela olmayan
çok sevmek, çok istemek ile müptela olmanın başka olduğunu bilen
insanın ruhunun da parmak izi olduğunu hatırlayan
biricik olmaktan korkmayan
toplum kuralları denen mevzuyu iyi okuyan
esiri yahut düşmanı olmayan
hayat dediğinin hepi topu zaman aşımı oyunu olduğunu fark eden
iki kapılı bir handa yürüyüp gittiğimizi unutmayan
Âşık Veysel'i illa dinleyen
dünyaya alıcı gözle bakan ve bakmak ile görmenin aynı şey olmadığını bilen
insana iyi gelen
aydınlık bir ömür dilerim...

BİTTİ...

BIN TRAVERLER FORM

Cut By: K Jenkins Qty 22 Date 10-21-22

Scanned By:__________ Qty______ Date______

Scanned Batch ID's

__________ __________ __________

Notes / Exceptions

____